Gregor Staub

Mega Memory

Gregor Staub

Mega Memory

Optimales Gedächtnistraining
für Privatleben, Schule und Beruf

mvg

Die Deutsche Bibliothek – CIP-Einheitsaufnahme

Staub, Gregor:
Mega Memory : Optimales Gedächtnistraining
für Privatleben, Schule und Beruf / Gregor Staub /
Landsberg am Lech : mvg-verlag, 2001
ISBN 3-478-72900-9

Umschlaggestaltung: Vierthaler & Braun, München
Satz: Fotosatz Buck, Kumhausen
Druck- und Bindearbeiten: Himmer GmbH, Augsburg
Printed in Germany 72900/601302
ISBN 3-478-72900-9

Inhalt

Danksagung

Ich danke meiner lieben Frau Kathy für ihre Mitarbeit und Unterstützung in diesen letzten zehn turbulenten Jahren. Da ich immer auf Reisen war, hat sie die ganze Familie und Firma so hervorragend geführt, dass ich immer den Kopf frei hatte für Neues und Kreatives.

Ich danke meinen Kindern Bianca und Simone sowie den Teilnehmern meiner Seminare (vor allem den vielen Studentengruppen) für die vielen tollen Beispiele, welche ich durch ihre Mitarbeit erarbeiten konnte.

Ich danke auch Vera F. Birkenbihl, durch deren Wissen ich meinen Horizont über das Lernen erst richtig erweitern konnte.

Einleitung

Was sollen Sie mit diesem Buch? Nehmen Sie es als ein Werkzeug, um im täglichen Leben Ihr Gedächtnis zu trainieren. Keine Angst: Unnötige Theorie bleibt Ihnen erspart; aber praktische Beispiele gibt es in Hülle und Fülle. Stellen Sie sich darauf ein, dass dieses Buch für Sie den ersten Schritt auf einem Weg des lebenslangen Lernens bedeutet. Ich wünsche Ihnen viel Vergnügen!

Mega Memory – Wie alles begann

Vier Uhr morgens in Amerika

Als ich 16 Jahre alt war, bedeutete Auswendiglernen für mich den reinsten Horror. Ich hatte in der Schule jede Mühe damit, und das ging so weit, dass ich die Mittelschule verlassen musste. Vielleicht können Sie sich vorstellen, was das heißt, plötzlich nicht mehr dazuzugehören. Ich kam mir vor wie ein Ausgestoßener. Ich hatte versagt. Und strampelte mich eben irgendwie weiter durch.

Tatsächlich schaffte ich es später auf dem zweiten Bildungsweg doch noch, ein Studium zu absolvieren. Nicht dass mir das Auswendiglernen da leichter fiel! Nein, ich drückte mich darum, wann immer es möglich war. Dachte mir Strategien aus, wie ich mir das Wesentliche merken konnte – Strategien, die eher im schriftlichen Bereich lagen.

Und dann passierte es: Es war vier Uhr morgens und ich war – damals 36 Jahre alt – in Amerika und sah mir fasziniert eine Verkaufsshow im Fernsehen an. Pfannen sollte ich kaufen und Autopoliermittel und Sprachkurse. Brauchte ich alles nicht. Aber dann gab es da auch ein Produkt, mit dem man Gedächtnistraining betreiben konnte. Gedächtnistraining? Hatte ich alles hinter mir. Und ich wusste ja wirklich, dass ich so etwas wie ein Gedächtnis nicht besitze. Oder? Doch die Show – sie hieß übrigens *Amazing Discovery* (die Entdeckung, die in Erstaunen versetzt) – kam am nächsten Tag wieder. Und ich saß wieder um vier Uhr morgens vor dem Fernseher. Meine innere Uhr sagte: Der halbe Arbeitsvormittag ist bereits gelaufen. Also konnte ich nicht schlafen. Und was kann man in aller Herrgottsfrühe schon anfangen! Und als ich zum fünften oder sechsten Mal von diesem angeblich so phänomenalen Gedächtnistraining hörte, das von einem gewissen Kevin Trudeau präsentiert wurde, juckte es mich doch in den Fingern: Um was geht es da eigentlich?

Mit großem Eifer machte ich mich ans Nachforschen und stellte zu meinem großen Erstaunen fest, dass es sich dabei nicht etwa um eine bahnbrechende neue Erfindung von Kevin Trudeau handelte, sondern um eine uralte Technik, die meinem ersten Eindruck nach ungeheuer clever war. Kevin hatte sie irgendwo aufgespürt und aufbereitet, sodass sie nunmehr der breiten Masse zur Verfügung stand.

Schon Michelangelo und Leonardo da Vinci, Cicero, Cäsar und Aristoteles waren Anwender dieser Form von Gedächtnistraining gewesen. Offensichtlich, so schlussfolgerte ich, handelt es sich dabei wirklich um eine Technik, die funktioniert. Die in der Schule angewendet werden könnte oder ganz allgemein im Alltag eines jeden Einzelnen. Könnte … aber sie wird nicht. Ich habe Schulen besucht und gefragt: „Bringen Sie den Kindern eine sinnvolle Technik bei, wie sie ihr Gedächtnis trainieren können?" Kaum ein Lehrer konnte diese Frage bejahen. Wo ist der Haken? Ich glaube, die Leute scheitern zum großen Teil einfach daran, dass sie nichts davon wissen. Oder haben Sie schon einmal etwas von *Mega Memory* gehört? Und selbst wenn es einem in der Werbung unterkommt – die normale Reaktion ist dann doch eher Ablehnung. Wer glaubt schon alles, was die in der Werbung verheißen und versprechen!

Damit der Funke überspringt

Bei meinen weiteren Nachforschungen habe ich dann festgestellt, dass der Markt eine ganze Menge Bücher über Gedächtnistraining bietet, die von dem einen oder anderen vielleicht sogar gelesen werden. Und dieser Leser begreift dann tatsächlich, was zu tun wäre – doch er tut es nicht. Der motivierende Effekt fehlt. Das, so dachte ich, könnte bei Seminaren besser sein. Tatsächlich konnte ich bereits 1990 an die 20 oder 30 Seminare ausfindig machen, die das Thema Gedächtnistraining zum Inhalt hatten. War hier die Begeisterung größer? Doch nein, auch bei den Seminaren sprang der Funke nicht über. Es fehlte das Erfolgserlebnis, dass man im Alltag von der Technik des Gedächtnistrainings wirklich profitiert. So blieb es bei einem fragmentarischen Lerneffekt und der Transfer in die Praxis blieb weitgehend aus.

Dabei ist es gerade für diese Technik unerlässlich, sie unverzüglich umzusetzen. Jeder Versuch, sie rein theoretisch zu erlernen, ist von vornherein zum Scheitern verurteilt. Der Prozess muss so ablaufen, dass man sofort den Nutzen sieht: Aha, das kann ich hier oder dort gebrauchen, das hilft mir … und zwar nicht erst nach Tagen, sondern unmittelbar, am besten noch in derselben Stunde. Ein Buch – und wenn es noch so gut geschrieben ist – wird nie einen solchen Effekt hervorrufen. Aus genau diesem Grund habe ich mich stets mit Händen und Füßen dagegen gesträubt, ein Buch zu schreiben, und verschiedenen Verlegern, die mich darum gebeten haben, einen Korb erteilt. Immerhin gibt es bereits meine Kassettenreihe *Mega Memory*, mit deren Hilfe der gesamte Lernprozess sozusagen als „Seminar in den eigenen vier Wänden" abgewickelt werden kann. Erst als jemand sagte: „Warum legen wir nicht dem Buch eine Lektion aus der Kassettenreihe bei?“, ließ ich mich schließlich doch überreden, dieses Buch zu schreiben. Denn das Argument, das stach: So hat jeder Leser die Möglichkeit, mal reinzuhören und selbst festzustellen, wie es ihm mit den Kassetten im Vergleich zum Buch ergeht.

Meine Hoffnung ist, dass Sie auf diese Weise merken: Mensch, mit der CD oder der Kassette komme ich viel besser voran! Ich bin viel motivierter, stecke viel intensiver in der ganzen Materie drin, erreiche ruck, zuck das gewünschte Ergebnis. Wenn dem so ist, dann steigen Sie doch einfach um. Dann war eben das Buch ein Aufhänger, ein Auslöser und den Rest erledigen Sie per Kassette oder CD. Denn eines muss ich an dieser Stelle anmerken: Dieses Buch kann nur ein Einstieg für Sie sein. Es wird Sie vielleicht zehn oder auch 20 Stunden beschäftigen, und was Sie weiter daraus machen, liegt allein an Ihnen. Sollten Sie meiner Skepsis zum Trotz mit dem Buch alleine Erfolg haben – super! Dann freut mich das. Schreiben Sie mir über Ihre Erfahrungen. – Übrigens: Nehmen Sie die oben erwähnten 20 Stunden als gute Faustregel für die Stundenzahl, die Sie aufbringen sollten, damit diese Technik auch wirklich Einfluss auf Ihr Leben nehmen kann. Wenn Sie sich deutlich weniger als 20 Stunden mit der Technik befassen, kommen Sie nicht so weit, dass Sie tatsächlich damit arbeiten; und mehr als 20 Stunden sind im Grunde genommen nicht nötig. Entscheidend ist allerdings, dass diese Zeit möglichst mit praktischen Übungen und nur wenigen theoretischen Überlegungen verbracht wird.

Immer wieder werde ich gefragt: Warum wird so etwas nicht an unseren Schulen gelehrt? Ganz einfach: Weil die Lehrer die Technik nicht kennen, weil die Ausbildung der Lehrer diesen Bereich nur sehr fragmentarisch beinhaltet. Ich habe inzwischen einige tausend Lehrer geschult und aus dieser Erfahrung weiß ich: Die meisten wären grundsätzlich bereit, entsprechende Gedächtnistraining-Techniken im Beruf einzusetzen, wenn sie wüssten, a) dass es so etwas gibt und b) wie es konkret auf den Schulstoff anzuwenden ist.

Nachdem ich den Bedarf erkannt hatte, entschloss ich mich 1990, das Konzept *Mega Memory* auf dem Markt einzuführen. Natürlich denkt man zunächst daran, ein Buch zu schreiben. Aber aus den oben angeführten Überlegungen heraus habe ich diesen Gedanken schnell verworfen und mich stattdessen für die Kassettenreihe entschieden (heute gibt es selbstverständlich neben der Kassettenreihe auch die CD-Version). Die erste Fassung damals war zu 75 Prozent eine (mehr oder weniger gelungene) Übersetzung des amerikanischen Kurses, der Rest war meine Eigenproduktion. Damit zog ich durch Universitäten und Schulen, um meine Weisheit unter die Leute zu bringen. Ich setzte mich in die Mensa und sagte zu ein paar Studenten: „Kommt, schreibt mal 20 Begriffe auf ein Blatt und lest sie mir vor." Wenn sie auch manchmal ein wenig komisch guckten – sie taten's … und guckten noch komischer, als ich diese 20 Begriffe bereits nach dem ersten Hören auswendig aufsagen konnte. „Hey, wie machen Sie das?", fragten sie mich. Ich fragte im Gegenzug zurück: „Hey, möchtet ihr das nicht auch lernen? Wenn ihr das genauso könntet, würde euch das happy machen? Was würdet ihr damit anfangen?" Sie gaben bereitwillig Auskunft – das war neuer Lernstoff für mich, den ich natürlich prompt mit meiner Technik umgesetzt habe. Beim nächsten Gespräch mit Studenten hatte ich dann bereits ein Beispiel parat, wie sich die *Mega-Memory*-Technik im ganz normalen Uni-Alltag als nützlich erweisen kann.

Das machte ich nicht nur einmal oder zweimal, auch nicht nur zwanzigmal ... ich denke, ich befragte an die 500 Studenten, ließ mir Anwendungsbeispiele nennen, setzte diese um. Und besaß irgendwann ein wahrhaft gigantisches Wissen darüber, wann, wo und wie *Mega Memory* für die Studenten von Nutzen war. Dann dachte ich an die Lehrer. Sie haben es ja im Prinzip mit denselben Dingen zu tun wie die Studenten, nur stehen sie am anderen Ende. Und diese Erkenntnis bedeutete den Grundstein für alles, was folgte, nämlich die Antwort auf die Frage: Was fange ich mit meiner phänomenalen Technik im praktischen Leben an?

Mir war klar, wie es weitergehen musste: Ich überarbeitete die erste Fassung des Seminars, entwickelte die Technik im Prinzip ganz neu, sodass sie mit der ursprünglichen amerikanischen Version nicht mehr viel gemeinsam hatte. Überhaupt zeigte sich: Der Knackpunkt bei der ganzen Sache war nicht, die Leute auf *Mega Memory* aufmerksam zu machen oder ihnen die Technik beizubringen. Nein, es ging letztendlich darum, dem anderen diese Technik so beizubringen, dass bei ihm echte Begeisterung entsteht. Und das wiederum geht nur dann, wenn er sie sofort umsetzen kann, wenn er sofort beginnt, damit zu arbeiten. Coaching war natürlich *das* Thema: Wie schaffe ich es, dass die Kassetten auch wirklich angehört werden? Wie kriege ich es hin, dass der Zuhörer innerhalb einer Viertelstunde bereits ein Erfolgserlebnis verbuchen kann? Und zwar eines von der Art, dass er sagt: Okay, das ist super, bin echt überzeugt – ich mache weiter. Auf diesen Überlegungen baute ich mein neues Konzept auf und gewann mit der Zeit über meine Seminare immer mehr an Erfahrung, auf welche Weise ich den Leuten klar machen konnte, dass sie mit *Mega Memory* fein heraus sind.

Die Erwachsenen (also 20 Jahre und älter) provozierte ich, indem ich ihnen sagte: Ich kann Ihnen beweisen, dass Sie innerhalb von einer halben Stunde lernen können, 30 Personen mit Namen anzusprechen. Wenn Sie sich das wünschen, dann besuchen Sie einfach mein Seminar. Der Erfolg konnte sich sehen lassen. Rund zwei Drittel der Angesprochenen kamen auf mich zu und sagten: Jawohl, das interessiert mich; und einige nahmen wirklich am Seminar teil. Ich bereitete ein entsprechendes Programm vor und die Leute stellten fest, dass sie sich tatsächlich innerhalb kürzester Zeit 20 oder 30 Namen merken konnten. Meine nächste Frage war: Wie sieht es mit Zahlen aus? Wer wäre gern in der Lage, sich Zahlen zu merken? Das Lager war dreigeteilt. Der eine Teil sagte: Kein Interesse, mein Zahlengedächtnis ist okay. Ein weiterer Teil: Na ja, ich habe zwar meine Schwierigkeiten mit Zahlen, aber dann schaue ich sie halt irgendwo nach; für mein Leben spielt das keine so große Rolle. Doch das verbleibende Drittel gestand: Ja, das ist für mich schon ein Problem. Der eine klagte, er vergesse immer wieder seine PIN und das ärgere ihn; der andere konnte sich die eigene Telefonnummer nicht merken. Für diese Leute entwickelte ich eine Technik, mit deren Hilfe sich Zahlen merken lassen.

Zahlen, Namen, Fakten ...

Zahlen! Es gab ja durchaus Bücher auf dem Markt, die Wege aufzeigten, sich Zahlen zu merken. Und für sehr disziplinierte Leute funktionieren diese Wege auch. Man denke an „Wetten dass" und den Mathematiklehrer Hans Berchthold aus Zürich, der vor laufender Kamera demonstrierte, dass es möglich ist, sich eine Zahl mit 600 Stellen zu merken. Und die Zuschauer waren hin und weg, so unglaublich schien das.

Doch für die breite Masse sind die genannten Wege eben doch nicht gangbar. Macht nichts, sagen Sie vielleicht, wozu soll ich mir auch eine Zahl mit 600 Stellen merken! Richtig. Und Sie müssen auch kein Telefonbuch auswendig lernen. Aber angenommen, Sie könnten sich fünf Telefonnummern einprägen, die Sie nur einmal gehört haben, wäre das nichts? Oder wenn Sie in eine Diskussion über ein Gesetz verwickelt sind – möchten Sie sich dann nicht den zugehörigen Paragraphen etc. merken können? Und wenn Sie nicht jedes Mal, wenn jemand nach Ihrer Faxnummer fragt, erst irgendwo kramen müssen, sondern sie einfach spontan abspulen können – würde das Ihren Alltag nicht erleichtern? Sie sehen: Viele kleine Dinge des Lebens haben mit Zahlen zu tun; wer Zahlen im Gedächtnis behalten kann, der hat die Nase vorn.

Mit Namen und Zahlen allein war es natürlich nicht getan. Menschen kamen auf mich zu und sagten: Ach, ich kann mir einfach abstrakte Begriffe nicht merken. Was kann man da tun? Andere wollten Hilfestellung für das Erlernen russischer Wörter. Oder Medizinstudenten: Wie kriege ich die ganzen lateinischen Begriffe aus der Anatomie in meinen Kopf hinein? Das war eine echte Herausforderung für mich. Ich legte mich schwer ins Zeug und fand einen Weg – einen sehr kreativen, nebenbei bemerkt –, wie man sich Begriffe, seien es Abstraktionen oder lateinische Fachwörter, effizient merken kann.

So erweiterten sich die Themen im Lauf der Zeit zusehends. Allen gemeinsam war, dass sie sich eng an der Praxis orientierten. Die Leute kamen zu mir, um sich etwas Bestimmtes einprägen zu können, was für ihren Alltag von Bedeutung war. Wie die dahinter stehende Technik funktionierte, das war sekundär für die allermeisten. Hauptsache, es funktioniert! Natürlich ist es spannend, das Warum und Wie kennen zu lernen. Und ich lade Sie ein: Lesen Sie das hervorragende Buch von Vera F. Birkenbihl, *Das „neue" Stroh im Kopf?* Ferner würde ich Ihnen *Denken, Lernen und Vergessen* von Frederik Vester empfehlen. Beide Bücher (nähere Angaben im Anhang unter A3) beschreiben sehr gut die Prozesse, die sich im Gehirn abspielen, und sind durch Beispiele recht griffig. Dieses Buch hier konzentriert sich ausschließlich auf die Praxis.

Die Nachfrage ist groß

Übrigens – dies noch zum Abschluss dieses ersten Kapitels – kann man fast sagen, *Mega Memory* sei schon durch die Presse gegangen. Irgendwann einmal kam ich nämlich auf die Idee, mich damit nicht nur an Schulen und Universitäten zu wenden, sondern auch an Zeitungen. Warum eigentlich sollte nicht eine Zeitung gern darüber schreiben wollen? Tatsächlich stieß ich auf positives Echo. Der Chefredakteur der mittlerweile nicht mehr existierenden Zeitung *Zürichwoche*, Herr Lüond, schlug mir sogar vor, den Zeitungslesern einen Seminartag von *Mega Memory* anzubieten. Wohl keiner von uns hatte mit so einem durchschlagenden Erfolg gerechnet: Hunderte von Leuten kamen in ganz kurzer Zeit, die unbedingt diese Gedächtnistraining-Technik erlernen wollten. Es war faszinierend. Sie hatten in der Zeitung gelesen, dass dieses Prinzip funktioniert, und da man in glaubwürdiger Weise berichtet hatte, legten die Leser eine eventuelle Skepsis ab, warfen alle Hemmungen über Bord … und kamen! Zu dieser Glaubwürdigkeit trug vermutlich auch unsere Geld-zurück-Garantie bei. Tatsächlich haben einige wenige Leute ihren Beitrag zurückverlangt, doch selbst das wirkte sich positiv aus, denn als das reibungslos vonstatten ging, merkten die anderen: Hier geht es mit rechten Dingen zu. Und in 99 Prozent der Fälle waren die Leute ohnehin mehr als angenehm überrascht von dem, was sie an diesem einen Seminartag erlebten und lernten. Mehr als sie je erwartet hätten. Das führte natürlich zu einer gewaltigen Mundpropaganda. Ja, und plötzlich war ich umringt von Anfragen der verschiedensten Zeitungen. Darunter Namen wie *Neue Züricher Zeitung*, *Welt am Sonntag*, *managermagazin*, aber auch Boulevardblätter wie die *Bild* oder die größte Schweizer Tageszeitung *Der Blick*. Und selbst der *Playboy* hat sich für *Mega Memory* interessiert! Zwei- bis dreihundert großformatige Artikel erschienen und ebenso viele kleinere Beiträge. Man schrieb darüber, weil *Mega Memory* Spaß macht und weil es einem etwas bringt. Aber es kommt noch etwas hinzu: Die Journalisten, die besagte Artikel verfassten, lernten ja selber etwas bei mir. Ich brachte ihnen bei, wie man sich Namen merken kann – für einen Journalisten eine Angelegenheit von höchster Brisanz! Ja, und aus der eigenen Erfahrung heraus haben sie mir abgenommen, dass auch der Rest stimmt, und diese Überzeugung brachten sie in ihren Artikeln zum Ausdruck.

Heute ist *Mega Memory* so gefragt, dass ich jede Woche telefonische Anfragen von Schulen erhalte: Die Lehrer bitten darum, ich möchte in der Schule einen Vortrag halten. Das gibt Anlass zur Hoffnung, dass – zumindest in der Schweiz – das Schulsystem langsam aufwacht und sich mit der Technik wenigstens einmal auseinander setzt und überlegt, ob und wie man sie im Unterricht umsetzen könnte. Mich freut das natürlich außerordentlich. Auch viele Firmen in den verschiedensten Ländern bieten *Mega Memory* inzwischen als Seminar über unterschiedliche Organisationen an. Außerdem könnte ich tolle Partner als Lizenznehmer finden.

Nun wissen Sie, wie ich auf *Mega Memory* gestoßen bin, was ich daraus gemacht habe und wie sich die künftige Entwicklung abzeichnet. Denn immer noch macht mir dieses Thema ungeheuren Spaß und ich lasse nicht locker, immer weiter daran zu arbeiten, es weiter zu vervollkommnen, neue Bereiche zu integrieren. Aber nun zu Ihrer Position. Was möchten Sie als Leserin oder Leser dieses Buches genau erreichen? Welches ist unsere gemeinsame Zielsetzung? Sobald wir diese festgelegt haben, heißt es: Auf die Plätze … fertig … los!

Ich wünsche Ihnen viel Spaß dabei.

Übrigens: Jedes Mal, wenn Sie dieses Symbol sehen

sollten Sie zu lesen aufhören und eine Übung ausführen. Nur so können Sie voll von *Mega-Memory* profitieren. Also erst mitarbeiten, dann weiterlesen!

Was wollen Sie erreichen? – Ihre persönliche Zielsetzung

Was möchten Sie, liebe Leserin, lieber Leser, mit diesem Buch erreichen? Dieser Frage wollen wir nun gemeinsam nachgehen. Aus all den vielen Seminaren, die ich bisher abhalten durfte, haben sich einige Themenschwerpunkte herauskristallisiert – also Bereiche, in denen relativ viele Menschen Hilfe brauchen und durch *Mega Memory* erhalten. Diese Themen will ich im Folgenden einfach in den Raum stellen. Am Ende des Kapitels ist eine Liste vorbereitet, in die Sie Ihre ganz persönlichen Zielsetzungen eintragen können.

An erster Stelle steht im Allgemeinen das Namensgedächtnis. Angenommen, Sie nehmen an einer Sitzung teil und lernen bei dieser Gelegenheit 15 Personen kennen. Wie schaffen Sie es, sich innerhalb von zehn Minuten die zugehörigen Namen einzuprägen? Für rund 80 Prozent meiner Seminarteilnehmer (wir lassen die Schüler einmal beiseite) ist genau dies der Punkt, den sie lernen wollen. Nach dem *Mega-Memory*-Gedächtnistraining dürfen Sie erwarten, dass Sie sich 14 der 15 Namen sicher merken können; beim letzten bleibt vielleicht noch eine Unsicherheit.

Zweites Thema: Zahlen. Mit *Mega Memory* gelingt es Ihnen, sich selbst 30-stellige Zahlen zu merken. Oder: Sie können sich von zehn Personen den Geburtstag nennen lassen und ohne die Daten aufzuschreiben behalten Sie alles im Gedächtis. Damit rechnen die Betroffenen gewiss nicht. Was glauben Sie, was die für Augen machen, wenn tatsächlich ein Geburtstagsgruß von Ihnen eintrudelt!

Für Schüler, Studenten und andere Lernende ist das sehr gefragt, was ich „Spickzettel" nennen möchte. Damit meine ich nicht einen Fetzen Papier, den man während der Schulaufgabe irgendwo im Ärmel stecken hat. Unter „Spickzettel" verstehe ich eine intelligente Zusammenfassung des begriffenen Lernstoffs, die mit Hilfe von *Mega Memory* im Kopf abgespeichert werden kann. Jedes Jahr bin ich zweimal an der ETH (Eidgenössisch-technische Hochschule) in Zürich und halte dort im Rahmen des von Frau Dr. Verena Steiner organisierten „Brainfood-Tags" Vorträge zum Thema „Lernen lernen". Regelmäßig frage ich die Studenten: Wer von euch ist daran interessiert, sich Spickzettel beliebigen Umfangs einfach auswendig merken zu können – und zwar so, dass der Inhalt bei der Prüfung zuverlässig abgerufen werden kann? Die Finger schnellen hoch: Etwa 95 Prozent der Studenten glauben, dass das etwas für sie wäre.

Doch ist der Spickzettel auch außerhalb des Unterrichtsbereichs ein nützliches Ding. Stellen Sie sich vor, sie stecken mitten in einer Diskussion und haben sich vorher 15 Argumente zurechtgelegt. Wie schaffen Sie es, all diese Argumente auch tatsächlich und zur rechten Zeit anzubringen (denn so ein Argument sticht ja oft nur zum passenden Zeitpunkt) und nicht am Ende festzustellen, dass Sie doch wieder drei davon vergessen haben? Und wie verhält es sich mit der Einkaufsliste? Eine banale Angelegenheit, die jeden betrifft. Haben Sie Ihre Einkaufsliste im Kopf? Oder müssen Sie alles aufschreiben? Viele Menschen versuchen, ohne den Zettel in der Hand auszukommen, weil sie es als tägliches Gehirntraining betrachten. Schließlich könnten Sie sogar versuchen, die „To-do"-Liste wie einen Spickzettel abzuspeichern. Dann müssen Sie nicht länger alles notieren, was es zu erledigen gilt, und sind unabhängig von PC oder Laptop, von irgendwelchen fliegenden Zetteln oder dem Terminkalender.

Und was halten Sie von Witzen? Haben Sie Probleme, sich Witze zu merken, und möchten doch gern mal welche weitererzählen? So geht es vielen. Deshalb habe ich einen Buchabschnitt genau diesem Thema gewidmet. Wir werden eine Reihe von Witzen durchlesen, uns zwei, drei Stichworte dazu merken (Spickzettel) – und das genügt den allermeisten Menschen, um den Witz wieder komplett abspulen zu können.

Wobei wir beim nächsten Thema angelangt wären: Lernstoff generell. Jeder kommt einmal in die Lage, sich irgendwelche Daten merken zu müssen. Aus der Geographie zum Beispiel. Lernen Sie mal alle Staaten Afrikas auswendig! Wie lange brauchen Sie dazu? Oder wenn Sie Lehrer/in sind: Wie lange dauert es, bis wirklich alle Schüler solch ein Pensum bewältigt haben? Drei Wochen vielleicht, und die Jungs und Mädchen gähnen die ganze Zeit – und der Spaß bleibt völlig auf der Strecke. Doch stellen Sie sich vor, die Staaten Afrikas sitzen innerhalb von nur zwei Stunden bei sämtlichen Schülern so, dass höchstens noch zwei, drei Länder vergessen werden! Glauben Sie nicht, dass das viel zufriedener macht? Das Gleiche gilt für Daten aus der Geschichte, Begriffe aus der Biologie, mathematische Formeln. Ja, selbst mathematische Formeln! Ich hielt das zunächst nicht für erstrebenswert, ließ mich jedoch von folgendem Argument eines Lehrers überzeugen: Wenn der Schüler die Formel auswendig im Kopf hat, kann ich viel leichter erklären, worum es geht.

Kommen wir zum Sprachunterricht. Egal ob Sie Französisch, Italienisch, Griechisch, Latein, Hebräisch, Thailändisch oder Japanisch lernen – wann immer Sie sich ein Wort nur schlecht merken können, greift *Mega Memory*: Mit Hilfe dieser Technik wird es Ihnen gelingen, selbst die schwierigsten Vokabeln in kürzester Zeit zu beherrschen. Diesem Thema ist ein eigener Abschnitt gewidmet.

Analog verhält es sich mit abstrakten Begriffen. Das heißt also: Wenn ich mir die Technik einmal angeeignet habe, dann kann ich sie anwenden für das Lernen von komplizierten Namen, russischen Vokabeln, abstrakten Begriffen etwa aus der Geographie oder was auch immer. Ich will Ihnen nun einfach einige weitere Anwendungsbeispiele aufzählen: Abläufe in der Betriebswirtschaftslehre oder Volkswirtschaftslehre; die zu Gesetzestexten zugehörigen Paragraphen und Absätze im Bereich Jura; lateinische Bezeichnungen aus der Anatomie; fremdartige, etwa chinesische Schriftzeichen; nach der Lektüre eines für Sie interessanten Buches eine Liste von etwa 50 bis 100 Stichworten, die Ihnen die Quintessenz des Gelesenen wiedergibt; und schließlich: das Auswendiglernen von Gedichten – angefangen bei Nikolausgedichten bis hin zu Schillers Glocke.

Ich bin übrigens gerade dabei, mir meinen Terminkalender einzuprägen. Mein Ziel ist, zumindest die jeweils nächsten zehn Wochen komplett im Kopf zu haben. Natürlich führe ich nach wie vor meinen schriftlichen Terminkalender. Doch ist es nicht eine tolle Sache, wenn man ihn nicht bei jeder Gelegenheit irgendwo hervorkramen und sagen muss: Moment mal, ich gucke in meinem Terminkalender? Sondern man sagt einfach frei von der Leber weg: Ja, da kann ich, oder nein, da habe ich bereits einen anderen Termin. Und wenn ich im Auto unterwegs bin und den Kopf frei habe zum Denken, dann kann ich die nächste Woche planen und überlegen, wie ich meine Zeit am besten um die ganzen Termine herum einteile. Was Sie damit quasi als Nebenprodukt erreichen: Gehirnjogging. Das ist ja an sich bereits eine spitzenmäßige Angelegenheit, und wenn dann auch noch ein konkreter Nutzeneffekt damit verbunden ist… wow! Gehirnjogging per se – also eine Form des Trainings für das Gehirn, ohne einen konkreten Nutzen in den Vordergrund zu stellen – wird beispielweise von Dr. Siegfried Lerl, Gesellschaft Gehirntraining GFG, angeboten. Das wäre eine Alternative zu *Mega Memory*, wenn es rein darum geht, die „grauen Zellen“ aktiv zu erhalten. Sie können die Gesellschaft anschreiben und erhalten jeden Monat ein Heft zugeschickt, das die Anleitung für das Training beinhaltet. Vor allem für ältere Menschen eine hervorragende Möglichkeit, das Gehirn so zu beschäftigen, dass es jung und elastisch bleibt.

Nebenbei bemerkt: Durch Gedächtnistraining wird die Konzentrationsfähigkeit allgemein erheblich gesteigert. Unkonzentriertheit ist wiederum ein wunder Punkt bei vielen Schülern und Lehrlingen. Wenn ein Schüler nun aber merkt, dass ihm die Dinge leichter und schneller von der Hand gehen, wenn er sich konzentriert, anstatt fortwährend mit den Gedanken sonst wo zu sein, dann wird er sich beim nächsten Mal noch mehr konzentrieren, wird entsprechend noch schnelleren Erfolg haben – und damit mehr Zeit für andere Dinge. Neben einer Steigerung der Konzentrationsfähigkeit ist in den meisten Fällen auch eine massive Stärkung des Vertrauens in das eigene Gedächtnis zu beobachten. Gerade jetzt befinde ich mich in Vulpera in Graubünden, wo ich gestern ein Seminar für Hoteliers abhielt. Auch der Eigentümer des Hotels, in dem ich untergekommen bin, hat daran teilgenommen. Marco ist sein Name. Marco ging also nach dem Kursus auf seine Frau zu und sagte: „Du, ich kann mir jetzt innerhalb von drei, vier Sekunden eine zehnstellige Zahl merken!“ Sie hätten sein verschmitztes Lächeln sehen sollen bei diesen Worten! Seine Frau natürlich: „Das glaube ich nie und nimmer.“ Woraufhin er es ihr bewies, sprudelnd vor Selbstvertrauen, Begeisterung und Spaß. Und dies halte ich für einen tollen und wichtigen Nebeneffekt.

Ein weiterer Punkt betrifft das Langzeitgedächtnis. Den gelernten Stoff dort so zu verankern, dass man ihn auch nach sechs Monaten wieder abrufen kann, erfordert eine bestimmte Technik, die praktiziert werden muss. Wende ich sie nicht an, darf ich mich nicht wundern, geschweige denn ärgern über mein angeblich so schlechtes Gedächtnis; Erinnerungslücken sind in diesem Fall nicht eine Frage des Gedächtnisses, sondern der unterlassenen Hausaufgaben. Wie diese zu geschehen haben, darauf werde ich noch in aller Ausführlichkeit eingehen. Aber auch in diesem Zusammenhang möchte ich wieder das Buch *Denken, Lernen und Vergessen* von Frederik Vester (siehe Anhang unter A2) erwähnen, weil es sehr aufschlussreich ist. – Und als letztes Thema möchte ich die Lernkarteitechnik anführen, die helfen soll, all diese Lernrhythmen administrativ zu unterstützen; auch das ist ein Thema, das immer wieder brennend interessiert.

Alle Punkte, die ich aufgezählt habe, sind mögliche Zielsetzungen, die sich mit *Mega Memory* realisieren lassen. Sie werden auf Seite 29 eine Liste finden, und ich darf Sie bitten, diese für sich ganz persönlich auszufüllen. Überlegen Sie gut, welche Ziele Sie sich setzen wollen. Wenn Sie klare, präzise Vorstellungen haben, werden Sie dieses Buch mit dem entsprechenden Filter durcharbeiten und Ihre Ziele auch erreichen. Denn Ihr Unterbewusstsein wird wachsam sein und fragen: Hilft mir das, was ich jetzt lese, um das Gewünschte zu lernen? Erste Erfolge werden sich einstellen, die Ihnen die Bestätigung liefern weiterzumachen. Und mit jedem neuen Erfolg wächst diese Bestätigung. Je klarer Ihre Themen sind, desto besser. Über die Zahl der Themen gibt es keine Vorschriften. Manche Leute wählen sich zehn Themen aus und sagen: So, das wird jetzt angepackt. Andere finden vielleicht, sie brauchen nur ein besseres Namensgedächtnis und eine Steigerung ihrer Fertigkeiten in einer Fremdsprache. Stellen Sie sich vor, Sie durchstreifen ein Warenhaus. Dann legen Sie vermutlich nur die Produkte in Ihren Einkaufswagen, an denen Sie Bedarf haben, und lassen den Rest liegen, wenngleich es sich dabei um durchaus hervorragende Produkte handeln mag. Ähnlich, so Vera F. Birkenbihl, verhält es sich mit der Themenauswahl. Ignorieren Sie, was Sie nicht benötigen. Das ist absolut in Ordnung.

Füllen Sie jetzt bitte unten stehende Liste (Tab. 1) aus. Schreiben Sie im Präsens und der 1. Person Singular. Also etwa: *Ich kann mir gut französische Vokabeln merken. Ich kann mir gut Namen merken, etc.* – Danke.

Tabelle 1: Meine Ziele

1. Ich kann mir gut Paragraphen merken.
2. Ich kann mir gut Namen merken.
3. Ich kann mir gut Geburtstage merken.
4. ______
5. ______
6. ______
7. ______
8. ______
9. ______
10. ______

Ihre Ziele sind nun gesteckt und damit können Sie ans Werk gehen. Freilich sind „Kurskorrekturen“ noch möglich, während Sie dieses Buch durcharbeiten. Ich habe das Buch so aufgebaut, dass ich Sie am Anfang mit dem grundlegenden Handwerkszeug ausrüste, das Sie benötigen: einer so genannten Baumliste, ferner Raumlisten und Körperlisten, die ausreichen sollten, um „Spickzettel“ mit bis zu 100 Begriffen ins Gedächtnis zu bekommen. Dies ist sozusagen das ABC der Mnemotechnik. Damit ist ein Anfang gesetzt (der freilich noch erweitert werden kann), auf dem aufbauend Sie bereits Lernstoff einüben und damit unmittelbar zur Anwendung übergehen können. Als Lernstoff kommen in Frage: geschichtliche oder geographische Daten, Fremdwörter, irgendwelche Formeln, Witze etc. Wir haben vorn bereits davon gesprochen.

Nur noch zwei Vorbemerkungen, bevor Sie erste Schritte mit *Mega Memory* versuchen können:

1. Wie gehen Sie beim Lernen mit Stress um?

Zu diesem Thema möchte ich Ihnen ein Video von Uschi Eichinger empfehlen über Kinesiologie. Dieses Video führt in einer einstündigen Abhandlung aus, wie Stress und Lernen zusammenhängen; wie Sie analysieren können, ob und inwieweit Sie unter Stress stehen und wie Sie mit Hilfe von Kinesiologie damit umgehen können. Sollten Sie an diesem Video interessiert sein, rufen Sie einfach bei uns an (Tel. 0041–1/8109110, vgl. auch A1 im Anhang); wir werden dafür sorgen, dass Sie es erhalten.

2. Einstieg über die beiliegende CD

Vielleicht haben Sie schon die CD entdeckt, die diesem Buch beiliegt. Darauf ist eine von 16 Lektionen des CD-Seminars

Mega Memory abgespeichert (Lektion 3). Natürlich können Sie dieses Seminar auch als CD-Reihe erwerben, doch würde ich Ihnen vorschlagen: Versuchen Sie es zunächst einmal mit dem Buch. Kommen Sie klar – prima! Dann haben Sie einen kostengünstigen Weg gefunden und die Sache ist in Ordnung. Vielen Menschen allerdings gelingt die Arbeit mit dem Buch längst nicht so gut wie mit den CDs und die angestrebten Erfolgserlebnisse lassen zu wünschen übrig. Daher sollten Sie unbedingt beide Varianten ausprobieren.

Was aber, wenn Sie keinen CD-Player besitzen? Dann kann ich Ihnen als Alternative eine Kassette anbieten. Rufen Sie bei uns zu Hause an (0041–1/8109110) oder schicken Sie uns ein Fax (0041–1/8109114) und teilen Sie uns mit, dass Sie gerne eine Kassette haben möchten (Kosten finden Sie im Anhang). Sie werden sie erhalten. Nun könnte es ja auch sein, Sie befinden sich gerade im Urlaub und verfügen weder über einen CD-Player noch über einen Kassettenrekorder. Für diesen Fall ist im Anhang die Quintessenz von Lektion 3 des Selbstlehrgangs in Textform abgedruckt (siehe Anhang unter A5). Sie können also auch ausschließlich mit Hilfe des Buchs diese Lektion lernen. Aber bitte: Betrachten Sie dies als eine Notlösung. Sofern Sie die Möglichkeit haben, die Lektion über CD oder Kassette aufzunehmen, sollten Sie auf keinen Fall zuerst den abgedruckten Text lesen! Versprochen?

Und nun bleibt mir lediglich, Ihnen viel Vergnügen beim Üben und Lernen zu wünschen – und viel Erfolg.

Erste Schritte mit Mega Memory

Die Baumliste

Legen Sie nun die beiliegende CD ein und hören Sie Lektion 3 des Seminars *Mega Memory*. Sie werden über sich selbst staunen, weil Sie innerhalb von nur einer Stunde einen bemerkenswerten Fortschritt an sich beobachten können. Freuen Sie sich darüber! Und kehren Sie dann zu diesem Buch zurück.

Herzlichen Glückwunsch!

Ich gratuliere Ihnen. Sie haben die erste wichtige Liste so gelernt, dass Sie sie auch wirklich können. Die Baumliste sollte Ihnen mittlerweile so geläufig sein, dass Sie ab sofort ohne langes Nachdenken zum Beispiel bei der Zahl 12 an einen Geist denken, bei 3 an einen Hocker und bei 17 an Spielkarten.

Hier noch einige Anmerkungen

Freilich wäre es sehr wohl möglich gewesen, für die 7 Schneewittchen zu wählen anstatt nur einen Zwerg. Und was meinen Sie, welche Zahl habe ich im Kopf, wenn ich das Wort „Moses“ sage? Genau. Die 10. Bei Wassergraben, Burgfräulein oder Hellebarde denken Sie vermutlich an die 15, weil das alles mit Mittelalter zu tun hat; und bei einem Blumenstrauß kommt Ihnen die 14 in den Sinn, weil Blumenstrauß und Valentinstag zusammengehören. Die Trillerpfeife wiederum erinnert Sie an den Schiedsrichter beim Fußballspiel und somit gelangen Sie zur 11. Das heißt also: Die oben aufgeführten Bilder sind nicht starr. Nehmen Sie sich die Freiheit, sie einmal so, dann wieder so zu sehen. Das entlastet. Es reduziert Ihren Stress. Und Sie haben dadurch viel mehr Möglichkeiten, wenn es ans Umsetzen der Bilder geht. Das werden Sie zu einem späteren Zeitpunkt noch sehr zu schätzen wissen.

Manche der Bilder – etwa die 15 und der Ritter – sind eher künstlich. Wenn sich jemand in der Geschichte nicht so gut auskennt, wird er nicht unbedingt 15 mit Mittelalter assoziieren, d. h., der muss dieses Bild lernen. Ähnlich ist es mit der 17: In der Schweiz spricht man nicht von „Siebzehn und vier“, sondern von „Bänklen“ (weil man vielleicht auf einer Bank dabei sitzt). Ein anderer spielt überhaupt nur Black Jack im Spielcasino – und was hat das mit der 17 zu tun? So kommt es vor, dass jemand auf mich zukommt mit der Klage: „Herr Staub, also, ich hab da Probleme mit Ihrer Baumliste. Wissen Sie, ich fahre in Amerika nie mit dem Fahrstuhl. Wie soll ich also auf den Lift kommen? Und in Geschichte bin ich überhaupt nicht sattelfest, drum kann ich mir auch den Ritter mit der 15 nicht merken. Und wie kommen Sie bei der 10 ausgerechnet auf die Bibel? Glauben Sie denn, alle Menschen sind religiös? Also, ich habe mit der Kirche nichts am Hut.“ – „Ja“, antworte ich dann regelmäßig, „Sie haben völlig Recht mit Ihren Einwänden.“ Kunstpause. „Aber letztlich wissen Sie doch alles, oder?“ Da fällt dann der Groschen beim anderen, ein Lächeln huscht über seine Züge: Ja, natürlich, er kann es! Und darauf kommt es schließlich an, nicht wahr!

Meine Liste endet bei der Zahl 20. Das hat einen ganz einfachen Grund: Es lassen sich nicht so leicht Bilder für größere Zahlen finden. Nehmen wir die 26. Mit welchem Bild könnten die meisten Menschen über die Assoziation etwas anfangen? Sehen Sie, es wird schwierig. Trotzdem werden wir auch die höheren Zahlen knacken. Und zwar auf einem neuen Weg. Früher bediente man sich der so genannten Majorsliste. Ich habe Bücher zu Hause aus dem 19. Jahrhundert, in denen man diese Liste bereits abgedruckt findet. Folgendes Prinzip liegt ihr zugrunde: Man verwandelt Zahlen in Buchstaben. Die 3 wird zum W – ein W sieht doch aus wie eine auf dem Rücken liegende 3, nicht wahr? Eine 5 wird zum S etc. Aus der Zahl 35 wird die Buchstabenkombination WS, also merke ich mir hierfür etwa eine Windschutzscheibe.

Doch hat sich gezeigt, dass die wenigsten Menschen mit dieser Technik zurechtkommen. So eine Liste aufzubauen erfordert ein solches Maß an Disziplin und Kraft, dass den allermeisten Leuten unterwegs die Puste ausgeht. Deshalb habe ich sowohl die Majorsliste als auch das gesamte dahinter stehende System verworfen und stattdessen ein ganz neues System kreiert. Mit dessen Hilfe werden Sie die Zahlen von 21 bis 100 fest im Griff haben, sprich bestimmten Begriffen zuordnen können. Das ist nötig, wenn Sie wirklich damit arbeiten wollen. Im Kassettenkurs haben Sie diese Liste bereits mit Lektion 5 im Kopf; hier im Buch läuft es etwas anders, wir werden uns die Liste Schritt für Schritt zusammensetzen. Zugegeben: Ein wenig Disziplin fordert Ihnen auch dieser Prozess ab. Doch ich hoffe, Sie bringen diese Disziplin auf, denn dann werden Sie am Ende des Buches dank jener Liste in der Lage sein, beliebig viele Zahlen mit beliebig vielen Stellen sauber zu verarbeiten.

Gelernt und nie wieder vergessen: Der Transfer ins Langzeitgedächtnis

Bevor wir ans Werk gehen und die Baumliste in konkreten Beispielen einsetzen, wollen wir erst die Frage beleuchten: Wie kriege ich eine Information vom Kurzzeit- ins Langzeitgedächtnis? Schließlich will ich das, was ich jetzt gelernt habe, auch in fünf Monaten oder vielleicht sogar fünf Jahren noch beherrschen! Ich möchte Ihnen an dieser Stelle nicht allzu viel Theorie zumuten, sondern einfach nur sagen, wie Sie es anstellen können. Einverstanden? Also gut. Sie gehen folgendermaßen vor: Wenn Sie französische Vokabeln lernen, irgendwelche Namen, die wissenschaftlichen Bezeichnungen für Tiere oder Pflanzen oder meinetwegen sämtliche Staaten eines Kontinents oder was auch immer – dann beginnen Sie nach 20 bis 25, allerspätestens nach 30 Minuten, die gerade gelernte Information zu wiederholen. Ich neige dazu, diesen Schritt bereits nach 10 Minuten durchzuführen, das ist auch in Ordnung. Aber mindestens fünf Minuten sollten Sie auf alle Fälle verstreichen lassen. Frederik Vester beschreibt in seinem bereits erwähnten Buch *Denken, Lernen und Vergessen* (siehe Anhang unter A2) ganz einleuchtend die Vorgänge, die während dieses Prozesses im Gehirn ablaufen. Wenn ich das in ganz schlichten Worten zusammenfassen darf: Die Chance, am nächsten Tag eine gelernte Information noch zu wissen, ist geringer, wenn Sie das Gelernte nicht nach 20 Minuten wiederholen. Hingegen ist die Wahrscheinlichkeit relativ hoch, dass Sie die Daten im Gedächtnis behalten, wenn Sie die beschriebene Wiederholung durchexerzieren. Sie befinden sich dann einigermaßen sicher im Kurzzeitgedächtnis. Für den Transfer ins Langzeitgedächtnis sind insgesamt sechs weitere Wiederholungen notwendig, deren erste nach 24 Stunden und deren letzte nach einem Abstand von mindestens drei Tagen erfolgen sollte.

Ich wiederhole: Sie lernen maximal eine halbe Stunde, wiederholen dann nach einer Pause von fünf bis 20, maximal 30 Minuten die gelernten Fakten. Und wiederholen dieselben nach 24 Stunden noch einmal. Für den vollständigen Transfer ins Langzeitgedächtnis sind weitere fünf Wiederholungen nötig, die über mindestens drei Tage verteilt erfolgen müssen.

Um die Angelegenheit konkreter zu machen, stellen Sie sich nun bitte vor, Sie haben 20 Kärtchen vor sich, auf denen französische Vokabeln stehen. Karteikarten sind übrigens sehr gute Hilfsmittel für den Lernprozess, weil sie Ihnen gestatten, die Information, die Sie bereits beherrschen, abzutrennen von der Information, die Sie noch erarbeiten müssen. Ich lerne also meine 20 Vokabeln auf den Kärtchen; lege dabei die Kärtchen, die ich gut beherrsche, beiseite und wiederhole nur die anderen, die noch nicht flutschen. Wenn ich an dem Punkt angelangt bin, an dem ich alle Wörter intus habe, lege ich die Kärtchen für 20 Minuten beiseite. Dann hole ich sie wieder hervor, um alles zu wiederholen. Gut für heute. Die 20 Kärtchen werden gesondert für sich in einem Stapel abgelegt und am nächsten Tag erneut wiederholt. Ich werde nicht alle richtig wiedergeben können. Also trenne ich: Die Kärtchen mit Wörtern, die ich kann, bilden einen neuen Stapel, während die anderen auf dem alten Stapel liegen bleiben. Nun lerne ich 20 neue Wörter in der beschriebenen Weise, wiederhole sie nach 20 Minuten und lege sie zu den Restkandidaten von gestern auf den ersten Stapel. Nun habe ich zwei Stapel: Der eine beinhaltet die Wörter, die ich von gestern her noch richtig beherrscht habe (vielleicht 17 von 20), der zweite die neuen Wörter von heute plus die alten Wörter, die noch nicht sitzen. Am folgenden Tag mache ich nach demselben Modus weiter: Ich wiederhole den Stapel vom ersten Tag. Das, was sitzt, bleibt in diesem Stapel; was ich nicht mehr weiß, lege ich auf einen neuen Stapel. Dann wiederhole ich den Stapel vom zweiten Tag (sprich gestern). Wiederum bleibt das, was sitzt, in diesem Stapel, während der Rest auf den neuen Stapel gelegt wird. Schließlich lerne ich 20 ganz neue Vokabeln, die ebenfalls zum neuen Stapel hinzugenommen werden. Ich habe nun also insgesamt drei Stapel. Und wenn ich auf diese Weise fortfahre, liegen am sechsten Tag sechs Stapel vor mir.

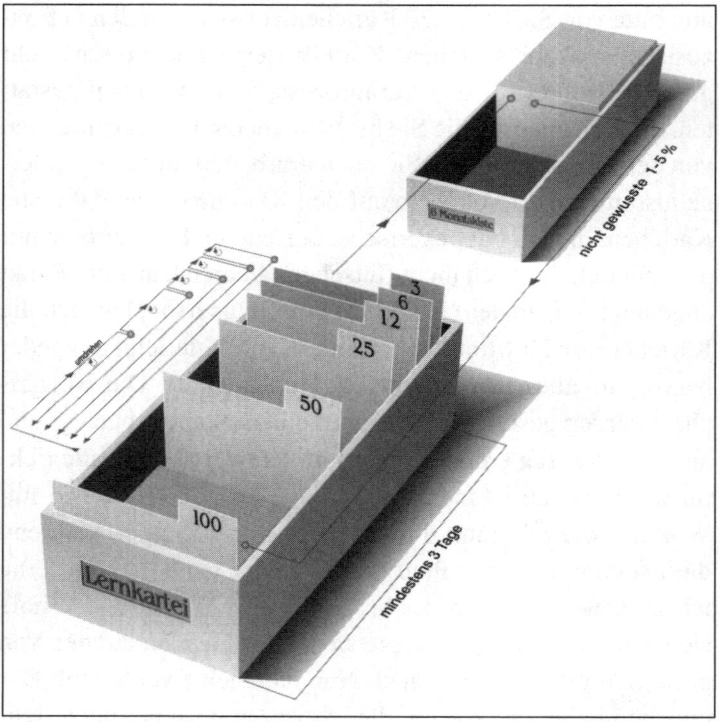

Abb. 1: Lernkartei

Der letzte davon hat insgesamt sechs erfolgreiche Wiederholungen erfahren: Diese Information sitzt nun sicher im Langzeitgedächtnis.

Na, habe ich mich verständlich genug ausgedrückt? Es ist nicht einfach, glauben Sie mir, so etwas mit Worten zu erklären. Und deshalb bekommen Sie eine Zeichnung von mir (Abb. 1), in der alles, was ich unter größtem Schweiß versucht habe, begreiflich zu machen, ganz einfach in einem einzigen Bild zusammengefasst ist.

Anwendungsbeispiele zur Baumliste

Einkaufen ohne Zettel

Fassen wir zusammen: Sie haben inzwischen Ihre Baumliste im Kopf und wissen, wie Sie mit neu erworbenem Wissen so umgehen, dass es Ihnen nie wieder abhanden kommt. Dann kann es eigentlich losgehen mit der Praxis. Wenden wir an, was wir uns erarbeitet haben: Wir benutzen die Baumliste ganz konkret, um uns eine Einkaufsliste einzuprägen.

Das Problem

Sie finden unten eine Liste von 20 Dingen, die wir einkaufen wollen. Diese Liste lesen Sie langsam durch. Einmal und noch ein zweites Mal. Dann legen Sie das Buch beiseite und zählen 50, 49, 48, …, 40, damit Sie ein wenig auf andere Gedanken kommen. Sie nehmen ein Blatt Papier und notieren darauf alle Begriffe, an die Sie sich erinnern, und zwar möglichst genau. Versuchen Sie auch, die richtige Reihenfolge hinzubekommen. Das ist nicht ganz einfach! Doch versuchen

Sie es. Mir geht es an dieser Stelle darum, Ihnen den Unterschied zu zeigen. In diesem ersten Versuch werden Sie die Liste ohne eine besondere Technik einfach aus dem Gedächtnis aufschreiben. Danach zeige ich Ihnen, wie es auch anders gehen kann. Schnell, amüsant – und viel perfekter. Lassen Sie sich dieses Erfolgserlebnis nicht entgehen, indem Sie jetzt gleich weiterlesen. Sondern gehen Sie so vor, wie ich es oben beschrieben habe: Sie lesen die Liste zweimal in Ruhe durch, lassen etwa zehn Sekunden verstreichen und machen sich dann ans Werk.

Einkaufsliste

Eier
1 Dose braune Schuhcreme
Spaghetti
Rosenkohl
zum Optiker gehen
Zahnseide
schwarzer Pfeffer
Schreibpapier
1 frische Ananas
Nähseide
Prospekt aus dem Reisebüro holen
Seife
Nagellack
Batterien
Briefmarken
Briefumschläge
Rinderfilet
Ketchup
Honig
Toilettenpapier

Sehr schön. Sie haben nun also Ihr Bestes getan und die Liste so gut wie möglich wiedergegeben. Ich weiß nicht, an wie viele Begriffe Sie sich erinnern konnten. Bei den meisten Menschen sind es etwa zehn, bei manchen auch nur zwei, bei anderen gar 15. Das ist ganz unterschiedlich. Sie dürfen jedoch davon ausgehen: Wenn Sie mehr als zehn Begriffe geschafft haben, arbeiten Sie bereits so, dass man von einer Merktechnik sprechen kann. Vor allem dann, wenn Sie auch noch die Reihenfolge einigermaßen hingekriegt haben. Das schafft nämlich kaum jemand ohne eine gute, gelernte und geübte Technik. Und um genau die kümmern wir uns jetzt:

Wo lag denn eigentlich das Problem? Haben Sie wirklich alles wieder vergessen? War es nicht vielmehr so, dass Sie schlicht und einfach nicht wussten, wo in Ihrem Kopf Sie die gelesenen Begriffe abgelegt haben? Ich frage anders: Wie kommt es, dass Sie beim Nachhausekommen ohne Schwierigkeiten Ihre Post finden? Logisch, sagen Sie nun und schmunzeln vielleicht, genau wie es meine Seminarteilnehmer an dieser Stelle zu tun pflegen: Ich habe doch einen Briefkasten! Na klar. Aber angenommen, Sie hätten einen kreativen Postboten, der sich jeden Tag neue Plätze ausdenkt, um die Post abzulegen – was wäre dann? Angenommen, Ihre Briefe liegen heute in der Badewanne, morgen im Kühlschrank und übermorgen im Gartenhäuschen – müssten Sie dann nicht jeden Abend erst auf die Suche gehen? Müssten Sie wohl, und das wäre am ersten und zweiten Tag vielleicht noch lustig (Ostereier suchen macht ja auch Spaß!), aber auf die Dauer doch ziemlich ärgerlich. Und Sie wären froh, wenn der Typ seine Kreativität an anderer Stelle auslebt und Ihnen die Post wieder schön brav in den Briefkasten legt. (Dieser Vergleich stammt übrigens aus einem Seminar von Uschi Eichinger; ich habe ihn von ihr übernommen, weil er so plastisch und einleuchtend ist.)

Die Lösung

Vielleicht haben Sie bereits erkannt, worauf es hinausläuft: Wir selbst benehmen uns wie der kreative Postbote. Wir merken uns Zahlen, Namen, Fakten – und legen sie irgendwo ab, mal hier und mal da. Wir kümmern uns zu wenig darum, wo in unserem Kopf die gespeicherte Information zu finden ist. Das kann nun alles anders werden. Denn Sie haben ja bereits die Fähigkeit entwickelt, jede Zahl zwischen 1 und 20 in Ihrem Kopf zu lokalisieren: Die 16 etwa ist der Teenager, die 13 der Fahrstuhl, die 9 eine Katze, und 19 bedeutet Abendessen. Diese Baumliste wird in Ihrer linken Hirnhälfte verarbeitet. Die beiden Hirnhälften unterscheiden sich bekanntlich in den Funktionen; während die linke mehr für das logische, rationale Denken zuständig ist, sitzt die Kreativität mehr in der rechten Hirnhälfte (ganz allgemein gesprochen). Was wir nun tun, ist Folgendes: Wir verknüpfen die Logik mit der Kreativität. Mit anderen Worten: Wir „hängen" die Begriffe der Einkaufsliste an den Begriffen der Baumliste auf. Das klingt sonderbarer, als es ist. Wir stellen uns einfach einen Baum vor, an dem Eier wachsen. Obwohl es natürlich keinen Eierbaum gibt, funktioniert die Vorstellung hervorragend, denn unser Gehirn lechzt geradezu nach aberwitzigen Bildern. Ihm sind diesbezüglich keine Grenzen gesetzt. Je toller Sie sich etwas vorstellen, desto besser können Sie es sich merken. Eier und Baum. Das kann also ein Baum sein, an dem ganz kleine Eier wachsen; es könnte natürlich auch ein Vogelnest sein, in dem Eier liegen. Oder Sie platzieren ein Straußenei auf den Baum, das von dort herunterkugelt und mit einem lauten Geräusch auf der Erde zerbricht. Kein Straußenei? Na, dann vielleicht ein faules Ei, das oben auf dem Baum vor sich hin stinkt.

Sie merken schon, worum es mir geht. Sie sollen experimentieren, mit welcher Vorstellung Sie am besten zurechtkommen. Der eine findet den leichtesten Zugang über optische Bilder, der andere tut sich mit Geräuschen leichter oder mit Gerüchen. Man kann sich auch den Geschmack etwa eines Marzipaneis vorstellen. Wäre das nichts, ein Baum, auf dem Marzipaneier wachsen? Je klarer und deutlicher, je plastischer die Bilder für Sie sind, desto besser funktioniert das Lernen. Gehen wir weiter zum zweiten Posten auf der Einkaufsliste, der braunen Schuhcreme. Und nun stellen wir uns einen Lichtschalter vor, den wir – ein Lausbubenstreich! – mit Schuhcreme einschmieren. Der nächste, der hinlangt, wird zurückzucken und dieses schmierige Gefühl an den Fingern haben, er wird den Geruch der Creme in der Nase haben und auf die braune Farbe starren. Na, ist das plastisch? Oder stellen Sie sich einen Hocker vor, auf dem eine Schüssel mit Spaghetti steht. Vielleicht dampfen die Spaghetti noch. Dann kommen Sie, setzen sich auf den Hocker – und die Nudeln kleben Ihnen quasi am Gesäß. Können Sie sich das Gefühl vorstellen? Gut. Also glasklar: Baum und Eier; Lichtschalter und Schuhcreme; Hocker und Spaghetti. Beim Auto fällt Ihnen Rosenkohl ein, weil die Räder aus Rosenkohl sind, zum Beispiel. Und wenn Sie eine Brille in die Hand nehmen, dann ergibt sich ganz leicht: 5 war „zum Optiker gehen“. Schließen Sie nun die Augen, wiederholen Sie die ersten fünf Begriffe der Baumliste und überprüfen Sie, ob sich die ersten fünf Posten auf Ihrer Einkaufsliste vor Ihrem geistigen Auge präsentieren. Danach dürfen Sie die Augen wieder öffnen und weiterlesen.

Ich bin mir fast sicher, dass Sie die fünf Dinge nicht nur wiedergefunden haben, sondern dass sie Ihnen direkt entgegen*gesprungen* sind. Wenn Sie nur an den Hocker dachten, standen bereits die dampfenden Spaghetti vor Ihnen. Bei der 4 kicherten Sie über die Räder aus Rosenkohl (wie lange die wohl die Fahrt überdauern?), beim Lichtschalter bedauerten Sie insgeheim den Armen, der die Schuhcreme abbekommt, der Baum hing voller Eier und in der Hand hielten Sie eine Brille.

Nun aber weiter. Aus dem Würfel machen wir ein Mobile, indem wir ihn mit Zahnseide an der Decke befestigen. Und die sieben Zwerge haben gerade ihren neckischen Tag und streuen dem armen Schneewittchen Pfeffer ins Bett, sodass es abends immer niesen muss. Zum Papier gehört die Achterbahn. Wie bekommt man das zusammen? Etwa indem man sich vorstellt, die Achterbahn sei aus Papier gemacht, und man kann die Angst fühlen, die einen beschleicht, wenn man sich so einer unsicheren Fahrgelegenheit anvertrauen soll. Neun war Katze, der neunte Posten war die Ananas. Lassen wir die Katze eine Ananas im Mäulchen davontragen, um sie genüsslich zu verspeisen … ob sie das Fell wieder sauber bekommt, das vom Saft ganz klebrig geworden ist? Es folgt die Bibel und die Nähseide. Bücher sind mit Faden gebunden; oder Sie nähen während des Bibellesens; oder Sie markieren sich wichtige Stellen mit einem Stück Nähseide. Sie sehen: Ihrer Phantasie sind keine Grenzen gesetzt. Schließen Sie nun wieder die Augen und denken Sie an den Würfel. Baumelt er an Zahnseide von der Decke? Vermutlich sind auch die Zwerge immer noch damit beschäftigt, Schneewittchens Bett zu pfeffern. Sie sehen die Achterbahn aus Papier, die Katze mit der Ananas, die Bibel mit der Nähseide. Wunderbar. Und nun schließen Sie noch einmal die Augen und wiederholen sämtliche zehn Posten, die wir bis hierher auf unserer Baumliste abgelegt haben.

Die Hälfte ist bereits geschafft. Es war doch nicht schlimm, oder? Gehen wir also den Rest auch noch an. Bei der 11 denken wir an einen Torwart, der in Gedanken bereits seinen Urlaub plant; er steht an den Torpfosten gelehnt und blättert interessiert in einem Reiseprospekt, während der Stürmer der gegnerischen Mannschaft einen Elfmeter im Tor landet. Na? Mussten Sie ein wenig lächeln? Gut so. Denn etwas Komisches oder Absurdes hinterlässt in Ihrem Gedächtnis viel markantere Spuren als etwas Lapidares. Etwa wenn Sie sich vorstellen, der Torwart denkt an seine Ferien und Punkt. Sie sollten sich also immer wirklich etwas einfallen lassen. Die Bilder müssen richtig Spaß machen. Dabei können sie absurd und komisch sein, verrückt und drollig, oder auch erotisch oder schmerzhaft. Hauptsache, es funktioniert.

Morgens werden Sie von einem Geist geweckt – Achtung, nicht erschrecken! Er drückt Ihnen ein Stück Seife in die Hand, wohl eine Aufforderung, aufzustehen und sich zu waschen. Und Sie merken sich bei der 12 ein Stück Seife. Tja, und jetzt fahren Sie im Fahrstuhl und lackieren sich dabei die Nägel. Besonders pikant dann, wenn Sie männlichen Geschlechts sind … Natürlich können Sie als Mann auch einer Frau die Nägel lackieren, das wäre überhaupt eine gute Idee. Vorsicht, der Fahrstuhl hält … ach, wo ist nur der Lack abgeblieben! So merken Sie sich bei der 13 den Nagellack. Kommen wir zur 14. Herz und Valentinstag. Sie fragen sich: Kann ich meiner Frau vielleicht Batterien schenken? Ein wenig profan ist das schon. Aber vielleicht besitzt sie irgendetwas, wofür sie Batterien braucht. Oder ich überlege, ihr ein Wellness-Wochenende zu schenken, damit sie ihre inneren Batterien aufladen kann. Auch so etwas wäre denkbar. Manchmal erfordert es schon etliches an Kreativität, um eine Verbindung herzustellen. Fühlen Sie sich völlig frei, lassen Sie Ihren Gedanken freien Lauf. Dann gelingt es Ihnen sogar, ein Herz mit Batterien in Verbindung zu bringen. Und wenn wir nun noch einen Ritter mit Briefmarken zugeklebt haben, sind bereits die nächsten fünf Posten unserer Einkaufsliste fest in unserem Gedächtnis verankert – und zwar so, dass wir sie dort jederzeit wiederfinden können. Also: Der Torwart träumt mit Reiseprospekt in der Hand, während der Elfmeter ins Tor knallt, der Geist weckt uns mit Seife, im Lift werden Nägel lackiert, die Frau kriegt zum Valentinstag irgendwelche Batterien und dann kleben wir noch einen Ritter mit Briefmarken zu.

Endspurt: Sie drücken irgendwelchen Teenagern ein paar Briefumschläge in die Hand, damit sie all ihre Gefühle per Brief an den Freund oder die Freundin verschicken können. Währenddessen verzehren Sie in aller Ruhe beim Kartenspielen Ihr Rinderfilet ... ja, und das lässt sich so richtig schön unappetitlich gestalten: Wie die Fleischsoße auf die Karten tropft und sie aufweicht; wie Sie vielleicht während des Kauens Ihre Ansagen machen oder Pfefferkörner mit einer Spielkarte vom Filet fegen – igitt! Ob Sie sich bei 17 an das Rinderfilet erinnern können? Nun verbinden wir Ketchup mit Feierabendverkehr, indem wir uns vorstellen, wir bespritzen einen Raser, der uns frech überholt, mit Ketchup. Und zum Abendessen gibt es Brot mit Honig. Bliebe noch das Toilettenpapier, na ja, nach der Tagesschau ziehen Sie sich während einer Werbepause an ein stilles Örtchen zurück, wo Sie just dieses Toilettenpapier brauchen.

Wiederholen Sie mit mir: Bei 16 denke ich an einen Teenager – und siehe da, der steckt gerade einen Liebesbrief in einen Umschlag. Dann sehe ich mich Rinderfilet kauend beim Kartenspiel, mit Ketchup um mich werfend im Feierabendverkehr, mit klebrigem Honigbrot beschäftigt beim Abendessen. Und schließlich mit Toilettenpapier bewaffnet nach der Tagesschau ein stilles Örtchen aufsuchend.

Die Wiederholung

Nun nehmen Sie bitte noch einmal ein Blatt Papier, notieren darauf die Zahlen 1 bis 20 und schreiben dann mit Hilfe der Baumliste Ihre Einkaufsliste auf. Bei 1 denken Sie an den Baum, und was immer an diesem Baum hängt, das schreiben Sie hin. Wenn Sie beispielsweise bei 5 angelangt sind, sehen Sie auf Ihre Hand: Moment, das habe ich mit der Hand gemacht … und alles ist klar. Wahrscheinlich werden Sie noch nicht alle 20 Posten fehlerfrei hinschreiben können. Doch das macht nichts. Holen Sie Ihren ersten Versuch hervor, als Sie die Liste aus dem Gedächtnis aufgeschrieben haben, ohne eine Technik dabei einzusetzen. Vergleichen Sie. Sind Sie besser geworden? Ich wette, Sie sind. Bestimmt konnten Sie zwischen 14 und 18 Posten der Einkaufsliste benennen und an der richtigen Stelle platzieren. Wenn nicht, gehen Sie zurück auf Seite 41 und lesen Sie ab dem Vergleich mit dem kreativen Postboten noch einmal durch, welche Verknüpfungsmöglichkeiten ich aufgezeigt habe. Versuchen Sie dann ein zweites Mal, die Einkaufsliste wiederzugeben, notfalls auch ein drittes Mal. Bestimmt sind Sie dann so weit, dass Ihnen kein Fehler mehr unterläuft.

Vielleicht fragen Sie sich, warum das so gut funktioniert. Ganz einfach: Weil Sie jetzt wissen, wo Sie in Ihrem Kopf nach der gewünschten Information suchen müssen. Die Zahl 15 bedeutet Ritter, und der Ritter ist assoziativ verknüpft mit den Briefmarken. Kommen Sie zur 17, fällt Ihnen gleichzeitig mit dem Kartenspiel das Rinderfilet ein; und bei der 13 steht Ihnen der Nagellack im Lift vor Augen. Es ist ein tolles Erlebnis. Wenn wir im Seminar diesen Prozess erstmals durchexerzieren, dann höre ich, wie die Leute laut lachen oder wie sie ausrufen: „Das ist ja unglaublich! Ich hätte mir das nie im Leben zugetraut!“ Genau dieses Gefühl wünsche ich Ihnen jetzt auch. Es gibt keine bessere Motivation, um dranzubleiben und weiter zu üben. Doch vor allem möchte ich mich an dieser Stelle bei Ihnen bedanken, dass Sie die Energie aufgebracht und bis hierhin durchgehalten haben.

Die 12 Sternzeichen

Der erste Schritt ist getan. Sie haben nun die Erfahrung gemacht, dass Sie mit Hilfe der Baumliste 20 Wörter behalten und wiedergeben können. Und das funktioniert beliebig oft. Ich sage es noch einmal: Sie können die Baumliste so oft Sie möchten und ohne großen Aufwand neu belegen. Sie werden auch nicht mit den unterschiedlichen Listen durcheinander kommen, sofern entweder der neue Lernstoff logisch gut vom alten getrennt ist (wie die 12 Sternzeichen von der Einkaufsliste) oder eine ausreichende Zeitspanne seit der vorherigen Belegung der Liste verstrichen ist (ein Tag in etwa).

Vorbemerkung

Bevor wir jedoch dazu übergehen, dies am Beispiel der Sternzeichen zu erproben, möchte ich noch eine kurze Bemerkung vorwegschicken:

Sie haben Ihre Einkaufsliste gelernt und haben sie momentan im Kopf. Wenn Sie jetzt direkt einkaufen gehen und Seife und Spaghetti und Toilettenpapier kaufen, können Sie jene Liste danach getrost wieder vergessen. Sie muss nicht ins Langzeitgedächtnis – immerhin wollen Sie nicht ein Leben lang immer das Gleiche einkaufen, oder? (Es könnte natürlich sein, Sie kommen erst am nächsten Tag dazu, Ihre Besorgungen zu erledigen; in dem Falle sollten Sie unbedingt die beiden ersten Wiederholungen – s.u. – der Liste durchführen, damit Sie sich nach 24 Stunden auch wirklich noch an alles erinnern.) Hingegen macht es wenig Sinn, sich die 12 Sternzeichen erst einzuprägen und dann gleich wieder zu vergessen. Hier gilt es unbedingt, die gelernte Information ins Langzeitgedächtnis zu transferieren. Wie das funktioniert, habe ich Ihnen vorne bereits ausführlich erläutert. Lassen Sie mich an dieser Stelle nochmals eine grobe Zusammenfassung geben:

- Sie haben eine Information (z. B. die Sternzeichen, s. u.) erstmals gelernt.
- Nach rund 20 Minuten wiederholen Sie die Lerninhalte zum ersten Mal.
- Nach weiteren 24 Stunden erfolgt die zweite Wiederholung.
- Weitere fünf Wiederholungen schließen sich an, über mehr als drei Tage verteilt.

Übrigens: Indem ich für Sie das Procedere wiederhole, habe ich den Grundstein gelegt, dass Sie morgen noch wissen, wie man einen Lernstoff in das Langzeitgedächtnis transferiert.

Wie wir die Sternzeichen auf die Baumliste bekommen

Nun aber zurück zur Baumliste und der These, man könne diese Liste beliebig oft neu belegen – zum Beispiel mit den zwölf Sternzeichen. Fangen wir doch gleich damit an. Stellen Sie sich einen Baum vor, auf dem ein Tier mit Hörnern steht, das mit Steinen nach Ihnen wirft. Na? Richtig: der **Steinbock**. Somit haben Sie gelernt, der Steinbock gehört zum Baum, und da dem Baum die 1 zugeordnet ist, fällt der Steinbock in den ersten Monat des Jahres, also den Januar. Da sich die Perioden der Sternzeichen nicht mit dem Monat decken, sondern der Wechsel immer um den 20. jeden Monats stattfindet, wollen wir es genauer einkreisen: Von etwa 20. Dezember bis etwa 20. Januar herrscht der Steinbock (das Steine werfende Hörnertier auf dem Baum). Nun stellen Sie sich einen Lichtschalter vor, Sie drücken darauf, und Wasser spritzt heraus. Nass geworden? Bedanken Sie sich beim **Wassermann**! Wassermann – Lichtschalter – 2 – Februar: Zum Wassermann gehört in etwa der Zeitraum 20. Januar bis 20. Februar. Und so weiter:

- Die **Fische** sehen wir in einem kleinen Aquarium auf dem Hocker (3) ➾ Fische – 3 – März.
- Unser Auto (4) hat an der Stoßstange noch einen Haken zum Abschleppen; dieser Haken erinnert uns an den **Widder** ➾ Widder – 4 – April.
- Wenn Sie dann in der Hand (5) ein rotes Tuch halten, werden Sie plötzlich zum Torero, der mit dem **Stier** kämpft ➾ Stier – 5 – Mai.
- Und beim Würfel sehen wir doppelt: **Zwillinge** ➾ Zwillinge – 6 – Juni.

Wir wiederholen: Der Steinbock auf dem Baum, der Wassermann im Lichtschalter, die Fische auf dem Hocker, der Widder am Auto, der Stier an der Hand, die Zwillinge und der Würfel. Schließen Sie nun die Augen, gehen Sie die Baumliste von 1 bis 6 durch und überprüfen Sie, ob Sie die genannten Bilder sehen können. Kehren Sie anschließend zum Buch zurück.

Gut. Nehmen wir uns nun die zweite Hälfte der Sternzeichen vor:

- Die sieben Zwerge (7) halten **Krebse** als Haustiere in einem Teich ➾ Krebs – 7 – Juli.
- Ein **Löwe** sitzt brüllend in der Achterbahn (8), man stelle sich die Panik vor! ➾ Löwe – 8 – August.
- Auf einer Katze (9) sitzt eine **Jungfrau**, vielleicht die Jungfrau von Orleans … ➾ Jungfrau – 9 – September.
- Bei der 10 erwartet uns die Bibel, ein ausgewogenes Buch. Wir sehen also im Hintergrund der Bibel eine **Waage**: ➾ Waage – 10 – Oktober.
- Unser Torwart (11) ist ein pfiffiger Kerl; er hat einen giftigen **Skorpion** im Elfmeterraum ausgesetzt, damit er nicht so heftig angegriffen wird ➾ Skorpion – 11 – November.
- Der Geist (12) schließlich ist mit einem Gewehr bewaffnet zu Hause und bewacht unser Heim ➾ Schütze – 12 – Dezember.

Wir wiederholen: Juli. Der siebte Monat. Aha, die Zwerge. Genau, die halten ja Krebse als Haustiere. Also gehört der Juli dem Krebs. August? Acht. Achterbahn. Richtig: darin sitzt der Löwe und brüllt – der August ist der Monat des Löwen. Bei September sehen wir die Jungfrau auf der Katze sitzen, bei Oktober steht uns eine ausgewogene Bibel vor Augen, im November, dem elften Monat, stoßen wir auf den pfiffigen Torwart mit seinem animalischen Assistenten, dem Skorpion. Und im Dezember schließlich, dem zwölften Monat, sehen wir unseren bewaffneten Geist, den Schützen.

Nehmen Sie sich nun die Tabelle 2 (S. 52) vor. Decken Sie mit einem Stück Papier oder mit der Hand die Sternzeichen zu, lesen Sie die Monate ab und versuchen Sie, die zugehörigen Sternzeichen zu benennen. Dies üben Sie so lange, bis Sie eine Treffsicherheit von 100 Prozent entwickelt haben. Und immer wieder daran denken: Der Juli ist der siebte Monat, zur 7 gehören die Zwerge, die Zwerge halten sich Krebse in einem Teich. Sie werden feststellen, dass der Zeitpunkt kommt, an dem es sehr viel schneller geht, solche Bilder abzurufen, als Sie jetzt vielleicht meinen. Geben Sie also nicht auf, wenn es nicht gleich beim ersten Mal funktioniert. Fragen Sie sich drei-, viermal hintereinander ab, bis sich eine gewisse Schnelligkeit eingestellt hat.

Tabelle 2: Sternzeichen

Januar	Steinbock	
Februar	Wassermann	
März	Fische	
April	Widder	
Mai	Stier	
Juni	Zwillinge	
Juli	Krebs	
August	Löwe	
September	Jungfrau	
Oktober	Waage	
November	Skorpion	
Dezember	Schütze	

Glückwunsch! Sie haben die 12 Sternzeichen gelernt. War es schwierig? Nicht besonders, nehme ich an. Aber folgenden Trost kann ich Ihnen mitgeben: Selbst wenn es einmal schwierig werden sollte, wenn es so richtig ans Eingemachte geht – mit dieser Technik werden Sie zurechtkommen. Alles, was Sie lernen, sollten Sie immer dreimal lernen; beim dritten Mal können Sie es garantiert. Also ärgern Sie sich nicht, wenn es beim ersten Mal nicht klappt. Wiederholen Sie nun noch einmal die Sternzeichen und lesen Sie dann weiter.

Die Körperliste

Fassen wir an dieser Stelle zusammen, was wir bisher geschafft haben. Wir haben uns Ziele gesetzt. Wir haben begonnen, ein System aufzubauen, mit dem wir genau definieren können, wo in unserem Kopf welche Information abgelegt wird. Briefkasten 13 zum Beispiel wäre Fahrstuhl; Briefkasten 19 wäre Abendessen. Im Weiteren haben wir gesehen, dass wir diese Briefkästen im übertragenen Sinne mit Post beliefern können, indem wir Gefühle, Bilder, Gerüche, Vorstellungen etc. darin ablegen.

Wenn ich nun etwa Schneewittchen sage oder sieben Zwerge, dann denken Sie vermutlich an Pfeffer. Und bei „Geist“ fällt Ihnen augenblicklich ein Stück Seife ein. Wir haben diese Briefkästen bereits zweimal mit Inhalt gefüllt: zum einen mit Dingen, die erledigt oder besorgt werden müssen (Einkaufsliste), zum anderen mit den Sternzeichen. Dabei haben wir die Erfahrung gemacht, dass es kein Durcheinander gibt, wenn diese Briefkästen mehrmals belegt werden. Ferner haben wir festgestellt, dass es einer bestimmten Technik bedarf, um eine Information auf Dauer abzuspeichern, sprich, sie ins Langzeitgedächtnis zu transferieren: nämlich eine erste Wiederholung nach 20 Minuten, eine zweite nach 24 Stunden und fünf weitere Wiederholungen, verteilt über mindestens drei Tage.

Sie werden aber im Laufe des Übens mit diesen Techniken sehr schnell feststellen, dass Ihnen die bisherigen 20 Briefkästen nicht ausreichen. Zum einen deshalb, weil der Umgang mit Zahlen extrem schwierig wird, wenn die Liste bei 20 aufhört. Sie wären gezwungen, auf Zifferbilder umzusteigen, und das wird denn doch zu kompliziert. Zum anderen brauchen Sie mehr als 20 Briefkästen, weil Sie vermutlich sehr schnell genug haben von dieser ewigen Baumliste und sich nach ein wenig Abwechslung sehnen. Auch Schüler und Studenten, deren Hauptbeschäftigung ja im Lernen besteht, erreichen sehr schnell den Punkt, an dem klar wird: Ich brauche unbedingt ein größeres System! Und deshalb gehen wir nun daran, Schritt für Schritt ein System aufzubauen, das Ihnen schließlich 100 Briefkästen bereitstellt.

Vom Zeh zum Scheitel: Der Aufbau der Körperliste

Der erste Schritt auf diesem Weg ist die so genannte Körperliste. Wir wollen sie zusammen durchgehen und ich würde Ihnen vorschlagen, stehen Sie auf, nehmen Sie das Buch in die eine Hand und berühren Sie mit der anderen Hand die Körperteile, die ich Ihnen nennen werde. Dieses ganzheitliche Lernen hat sich bei meinen Seminarteilnehmern gut bewährt. Sie können die Bezeichnungen auch laut nachsprechen, dann haben Sie neben dem optischen und dem taktilen auch den akustischen Reiz genutzt. Stehen Sie also bitte auf, und los geht es. Sie berühren

- Zehen oder Schuhe (je nachdem, was Sie gerade an den Füßen tragen)
- Knie
- Oberschenkel
- Taille

- Brustbereich
- Schulter
- Hals
- Gesicht
- Haare oder Scheitel

Und nun das Ganze rückwärts: Haare, Gesicht, Hals, Schulter, Brustbereich, Taille, Gesäß, Oberschenkel, Knie, Zehen. Betrachten Sie nun die Zeichnung.

Abb. 2: Die Körperliste

Lesen Sie, unterstützt durch das Bild, die Liste noch einmal durch. Schließen Sie dann die Augen und gehen Sie – dabei die entsprechenden Körperteile berührend – die Liste entlang. Wiederholen Sie sie von oben nach unten und von unten nach oben so lange, bis Sie die ganze Körperliste fehlerfrei beherrschen. Das tun Sie jetzt bitte.

Hervorragend! Sie haben inzwischen die Körperliste gelernt, können zehn Begriffe in der richtigen Reihenfolge aufzählen. Was jetzt noch fehlt, das ist die Zuordnung der jeweiligen Körperteile zu den Zahlen 1 bis 10, und zwar in solcher Weise, dass Sie schnell darauf Zugriff nehmen können. Diese Zuordnung erhalten wir wiederum über unsere Baumliste. Beispiel: Wir legen die Hand an die Taille. Die Hand hat fünf Finger und ist der fünfte Briefkasten. Also lautet die Verknüpfung: Die Taille ist die Nummer 5 unserer Körperliste. Sie müssen nicht anfangen zu zählen – Zehen 1, Knie 2, Oberschenkel 3 … –, sondern Sie wissen es einfach. Taille ist 5. Gut. Nun lassen Sie in Gedanken Schneewittchen samt den sieben Zwergen auf Ihrer Schulter herumturnen. Was passiert? Die Schulter wird zur Nummer 7 auf der Körperliste. Und wenn Schneewittchen Ihren Schultern zur 7 verhilft, wird der Hals automatisch zur 8.

Und in dieser Weise fahren Sie fort. Überlegen Sie sich: An welcher Stelle befindet sich welche Zahl? Im Auto sitzen Sie auf Ihren vier Buchstaben – Gesäß ist die Nummer 4. Sie finden selbst weitere Beispiele. Nehmen Sie ruhig die Hände dazu. Berühren Sie Ihr Gesäß, während Sie sich vorstellen, im Auto zu sitzen. Berühren Sie die Brust, wenn Sie sich vorstellen, Sie tragen eine Kette mit einem Würfelanhänger. Und so fort.

Sie haben damit Ihr Briefkastensystem um die Körperliste erweitert. Diese Körperliste muss nun noch in das Langzeitgedächtnis transferiert werden. Die Wiederholung nach 20 Minuten haben wir, wie ich annehme, inzwischen schon hinter uns. Sie sollten nun also nicht vergessen, die Liste nach 24 Stunden ein nächstes Mal durchzugehen und dann weitere Wiederholungen anzuschließen, fünf an der Zahl, die über mindestens drei Tage verteilt sein sollten. Übrigens: Diese weiteren Wiederholungen werden Ihnen automatisch abverlangt, wenn Sie im Buch weiterlesen, denn wir werden natürlich die Körperliste fortwährend anwenden. Sie müssen also diese Folge-Wiederholungen gar nicht bewusst anstreben; wie es im Leben oft der Fall ist, werden Gelegenheiten und Notwendigkeiten von allein auf Sie zukommen.

Vielleicht sollte ich noch erwähnen, dass es keine Rolle spielt, welche Bezeichnung Sie nun im Detail für die jeweiligen Körperteile verwenden, ob Sie etwa für die 3 mit dem Begriff „Oberschenkel“ arbeiten oder mit „Muskel“ oder auch „Hosentasche“. Es kommt nur darauf an, dass Sie dabei an den betreffenden Körperteil denken. Ihr Gehirn merkt sich ohnehin nicht die Buchstabenkombination S-c-h-u-l-t-e-r für Schulter, sondern es merkt sich die Schulter als einen Teil Ihres Körpers. Deshalb können Sie nach Belieben die Liste auch in Englisch oder Französisch einpauken, das ändert nichts am Lernerfolg. Wichtig ist nur, dass Sie wissen, in welcher Reihenfolge diese klar vorstellbaren Dinge auf der Körperliste stehen.

Und das bringt uns einen ungeheuren Vorteil, sobald es um die Arbeit mit der Liste geht. Habe ich die Freiheit, statt beispielsweise „Oberschenkel“ auch „Hosentasche“ zu sagen, lässt sich leichter ein Zusammenhang knüpfen, weil das eine vielleicht viel besser in die Geschichte passt als das andere. Wir kennen dieses Prinzip bereits aus der Baumliste. Auch da ist es möglich zu variieren und z. B. den Ritter durch die

Burg zu ersetzen, wodurch natürlich die kreativen Möglichkeiten enorm gesteigert werden.

Den Merkur am Zeh: Wir lernen die Planeten unseres Sonnensystems

Damit Sie etwas zum Üben haben (und das ist an dieser Stelle wichtig!), nehmen wir uns als nächstes Lernziel die Planeten unseres Sonnensystems vor. Welche sind es? Und wie ist ihre Reihenfolge in Bezug auf die Nähe zur Sonne? Da wäre als erster Kandidat – der Sonne am nächsten – der Merkur zu nennen. Ihn gilt es nun mit unseren Zehen in Verbindung zu bringen. Wenn Sie wissen, dass Merkur der römische Gott des Handels war, der einen Flügel hatte, können Sie sich vorstellen, Sie hätten Flügel an den Zehen. Wann immer Sie auf Ihre Füße blicken, sehen Sie diese Flügel vor sich – und haben gewonnen. Ist Ihnen hingegen „Merkur" kein Begriff, konstruieren Sie sich ein Tonbild. Sie sagen: Merk-ur, Merk-Uhr … und **merk**en sich den Merkur über die **Uhr**, die auf Ihrem Schuh sitzt. Es gibt also die unterschiedlichsten Möglichkeiten, sich ein Wort einzuprägen.

Diese Technik übrigens, längere und abstrakte Wörter in phonetische Bilder zu verwandeln, wird ganz ausführlich im nächsten Kapitel besprochen. Da wir im Zusammenhang mit den Planeten aber immer wieder darauf zurückgreifen, wird auch im Folgenden bereits das eine oder andere über diese Technik mit einfließen.

Wenden wir uns dem zweiten Planeten zu, der Venus. Da fällt es nicht so schwer, sich auf den Knien eine schöne Frau vorzustellen – Venus. Mögen Sie das nicht so sehr, könnten Sie auch in Gedanken auf einer Nuss knien, und das tut weh. Damit sind wir wieder bei einem phonetischen Bild: **weh+Nuss** = Venus. Für die Erde, den dritten Planeten, stecken Sie sich einen großen Globus in die Hosentasche. Weil er so sperrig ist und kaum da hineingeht, werden Sie nie vergessen, dass die Erde bei Ihrem Oberschenkel, also auf Nummer 3, anzusiedeln ist. Dann nehmen Sie einen Schokoriegel – Symbol für Mars – und stecken ihn in die Gesäßtasche. Vorsicht, nicht draufsetzen!

Nicht ganz so leicht ist es mit dem Jupiter. Gehen wir einmal davon aus, dass Sie diesen Planeten oder Gott nicht näher kennen. Dann müssen wir mit dem Namen jonglieren. Aus der ersten Silbe „ju" basteln wir „Jubel", „jubelnd"; der Rest des Wortes klingt wie die englische Aussprache des Namens „Peter". Ein **ju**belnder **Peter**, das wäre doch der Jupiter. Wie bekommen wir den nun an die Taille? Nun, etwa indem wir ihm einen Gürtel schenken, über den er sich sehr freut. Sehr konstruiert? Mag sein. Doch Hauptsache, es funktioniert. Und das tut es.

Mit dem Saturn geht es wieder etwas direkter. Die meisten Menschen wissen, dass zum Saturn der Saturnring gehört, ein Ringsystem aus kleinsten Satelliten. Also stellen wir uns ganz einfach einen Ring um unsere Brust vor, und schon blicken wir auf Saturn, wenn wir auf unsere Brust sehen. Ist dies keine Möglichkeit für Sie, weil Sie mit dem Saturn nichts weiter anfangen können, bleibt natürlich wiederum die Möglichkeit eines phonetischen Bildes. Etwa: Wir sind so vollgegessen, dass uns das Essen bis zur Brust steht; weil wir so satt sind, gehen wir turnen. Damit haben wir die folgende Verbindung geschaffen: **satt+turn**en = Saturn.

Der nächste Planet, mit der Nummer 7 (Schneewittchen auf den Schultern), ist der Uranus. Hier muss ich mit meinem

Wissen passen. Also wende ich mich gleich der Wortspielerei zu: Ich habe in meinen Schultern Gelenke aus Uran, und damit ist alles geritzt. Bei Neptun – der Nummer 8 – sprudeln nun wieder die Möglichkeiten. Vielleicht stellen Sie sich einen Dreizack vor, der an einem Kettchen um Ihren Hals baumelt. Oder: Neptun ist immer im wässrigen Element, und durch den Hals nehmen Sie Wasser und andere köstliche Getränke zu sich. Schließlich können Sie auch auf ein phonetisches Bild zurückgreifen und sagen: Ich habe Nebel im Hals, und dagegen muss ich etwas tun! **Nebel+tun** = Neptun.

Bei Pluto fällt mir spontan der Hund von Mickey Mouse ein. Was hat der für eine süße schwarze Knubbelnase! Pluto ist der neunte Planet. Die neun ist Ihr Gesicht; sehen Sie auf die Nase, stellen Sie sich dort Plutos süße schwarze Knubbelnase vor – und schon haben Sie sich auch den neunten Planeten bombenfest gemerkt.

Zusammenfassung und Wiederholung

Wir wiederholen. Nehmen Sie die Körperliste heran, blicken Sie auf Ihre Zehen. Was kommt Ihnen entgegen? Die Uhr. Damit wollen Sie sich etwas merken. Merk-Uhr. Merkur. Schauen Sie auf Ihre Knie, finden Sie dort eine schöne Frau: Venus. Greifen Sie nach der Hosentasche, stellen Sie fest, dass dort ein Globus feststeckt, der nicht rein und nicht raus kann: Erde. Und in der Gesäßtasche fühlen Sie den Schokoriegel, der hoffentlich noch nicht geschmolzen ist: Mars. Die Wahrscheinlichkeit, dass Sie an dieser Stelle Twix sagen oder Nuts oder etwas anderes, ist verschwindend gering. Das finde ich so toll an unserem Gehirn, dass es von sich aus immer weiß, was wir wirklich meinen und wollen. Sollte Ihnen übrigens eines der genannten Bilder nicht entgegenspringen, entspricht es Ihnen nicht; versuchen Sie dann, ein eigenes Bild zu kreieren, und Sie werden sehen, damit funktioniert es.

Wir gehen weiter zur Taille. Nanu, da fehlt ja der Gürtel. Richtig, den haben wir dem Peter geschenkt, der daraufhin zu jubeln begann – Jupiter. Um unsere Brust haben wir einen Ring liegen, das ist der Saturnring: Saturn. Und blicken wir auf unsere Schulter, fällt uns ein, dass wir in den Gelenken Uran eingebaut haben: Uranus. Im Hals fühlen wir Nebel, gegen den wir etwas tun müssen – Neptun. Gleichzeitig haben wir möglicherweise das Bedürfnis, unsere Kehle zu befeuchten und denken an etwas Flüssiges – Neptun. Sie sehen also: Sie sind nicht auf eine bestimmte Variante festgelegt, sondern möglicherweise springen Ihnen gleichzeitig mehrere Bilder ins Auge, die zu demselben Ergebnis führen. Gehen wir zum Abschluss noch zu Nummer 9. Wir blicken auf unsere Nase, finden dort Plutos süße schwarze Knubbelnase vor und wissen, dass der neunte Planet Pluto heißt.

Vorschlag: Nehmen Sie ein Blatt Papier zur Hand, schreiben Sie darauf die Zahlen 1 bis 9 und daneben die Namen der neun Planeten – in der Hoffnung, dass Sie sieben davon richtig hinbekommen. Auf die mentale Einstellung gegenüber solchen Aufgaben werde ich später noch ausführlich zu sprechen kommen; versuchen Sie es jetzt einfach und kehren Sie danach zum Buch zurück.

Gut, Sie sind also wieder da. Blättern Sie jetzt um und betrachten Sie die Zeichnung mit den neun Planeten unseres Sonnensystems (Abb. 3). Schauen Sie nach, welche Sie gewusst haben und welche nicht. Mit welcher Einstellung soll-

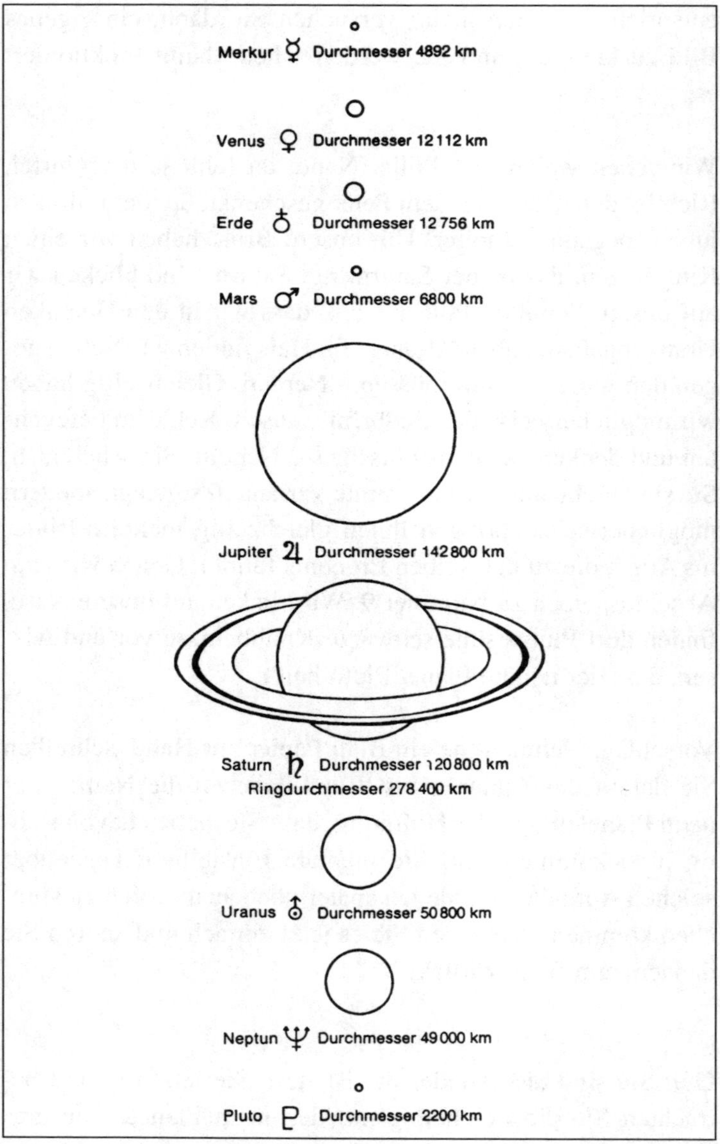

Abb. 3: Die Planeten unseres Sonnensystems

ten Sie nun an eine Lernaufgabe herangehen? Verlangen Sie nicht von sich, irgendetwas bereits beim ersten Mal können zu *müssen*. So etwas gibt es zwar, aber es ist die Ausnahme. Rechnen Sie also nicht damit. Sie setzen sich sonst selbst unter Druck, Sie ärgern sich, sind enttäuscht – und das ist genau das, was nicht passieren sollte. Wer verlangt von Ihnen, gleich beim ersten Mal einen hundertprozentigen Treffer zu landen? Niemand. So habe ich es mir zur Gewohnheit gemacht, grundsätzlich alles dreimal zu lernen. Ich schreibe also die neun Planeten dreimal auf oder denke sie wenigstens im Kopf dreimal durch. Erst danach erwarte ich von mir, sie wirklich zu beherrschen.

Und dieses Konzept empfehle ich auch Ihnen. Indem Sie sich nämlich zugestehen, Fehler zu machen – was Sie natürlich nicht ständig und ausschließlich tun werden –, umgehen Sie den Ärger, der andernfalls fast zwangsläufig aufsteigt. Kein Ärger bedeutet aber größere Gelassenheit. Diese Gelassenheit wiederum ermöglicht Ihnen, die festgestellten Fehler zu korrigieren. Dann haben Sie die Chance, beim nächsten Mal alles zu wissen, um rund 80 bis 90 Prozent gesteigert. Dies gelingt nur, wenn Sie entsprechend gelassen bleiben. Sobald Sie die Erfahrung gemacht haben (und das wird in zwei Wochen der Fall sein!), dass Sie bei der zweiten Wiederholung – d. h., wenn Sie den Lernstoff zum dritten Mal aufnehmen – wirklich alles können, haben Sie gewonnen. Denn dann haben Sie sich eine Methode zu Eigen gemacht, wie Sie stressfrei jeden Lernstoff so erarbeiten können, dass Sie ihn beim dritten Mal vollkommen beherrschen. Stellen Sie sich auf ein entspanntes, fröhliches Lernen ein!

Die Lerche auf dem Bock oder: Wie man sich abstrakte Begriffe merken kann

In diesem Kapitel geht es darum, abstrakte Begriffe in Bilder zu verwandeln. Mit anderen Worten: Ich speichere im Kopf das Bild einer Information, die weder sichtbar noch greifbar, also nicht im Geringsten bildhaft ist. Das bereitet den meisten Menschen anfänglich einige Mühe. Machen wir es etwas konkreter. Ägypten in Form einer Zeichnung darzustellen – nur um ein Beispiel zu nennen – geht relativ leicht. Viele stellen sich eine Pyramide vor oder eine Sphinx und wissen dann: Damit ist Ägypten gemeint. Sie wählen also ein Symbol anstelle des abstrakten Begriffs. Diese Methode funktioniert, solange man sich unter dem Begriff ein Symbol vorstellen kann (wie im Fall von Ägypten). Was aber, wenn die Begriffe in uns keine klaren Vorstellungen auslösen? Etwa ein Wort aus dem Lateinischen oder Russischen, geographische Begriffe oder irgendwelche Formeln? Dann wird es zunächst wirklich schwierig. Wenn Sie mit einer Information nichts, rein gar nichts in Verbindung bringen können, lässt sich auch kein Symbol finden. Nehmen wir als Beispiel „Burkina Faso“, ein Land in Afrika. Kommt Ihnen irgendetwas in den Sinn, was als Symbol für dieses Wort dienen könnte – und zwar so, dass Sie sich das Wort merken können? Sehen Sie. Mir auch nicht.

Was nun? Der übliche Weg besteht darin, sich ein Klangbild einzuprägen, sprich, das Wort „Burkina Faso“ so oft zu wiederholen, bis es sitzt. 30 bis 40 Wiederholungen sind dafür in der Regel erforderlich. Erst dann ist das Wort als Klangvorstellung im Kopf manifestiert. Peinlich kann es werden, wenn es etwa um einen komplizierten Namen geht. Stellen Sie sich vor, Sie müssen eine Frau Machowinzky-Spiegelbert 30-mal um ihren Namen bitten: „Entschuldigung, Frau … ehm … wie war das noch gleich? Ich fürchte, ich habe schon wieder vergessen, wie Sie heißen …“ Manch einer merkt sich anstelle des Klangbildes lieber das Schriftbild. Und er schreibt das Wort 20- oder 30-mal, bis er es beherrscht. Insgesamt eine wenig befriedigende Angelegenheit.

Deshalb möchte ich Ihnen einen anderen Weg zeigen, der zwar ein wenig kindlich anmutet (bitte nicht mit „kindisch“ verwechseln!), aber eine echte Alternative darstellt. Es handelt sich um einen äußerst kreativen Weg, von dem Sie gern Gebrauch machen werden, sobald Sie entdeckt haben, dass er gar nicht so schwierig ist. Immerhin haben Sie damit eine geniale Notlösung für das Erlernen abstrakter Begriffe, die immer funktioniert – auch dann, wenn Ihnen kein Symbol einfällt oder Sie nicht die Zeit haben, das Wort 40-mal aufzusagen oder 30-mal aufzuschreiben.

Das Grundprinzip

Wir verwandeln Buchstaben in Bilder

Das Prinzip, das sich hinter diesem Geheimrezept verbirgt: Wir verwandeln Silben oder auch Buchstabengruppen, notfalls sogar einzelne Buchstaben des Wortes in Bilder. Das heißt: Sie sehen anstelle des Buchstaben B etwa einen Besen, einen Baum, eine Blume. Fühlen Sie sich frei, gern auch mehrere Bilder für einen Buchstaben heranzuziehen. D wäre

Tabelle 3: ABC-Liste

A		Apfel
B		Bob
C		Computer
D		Dusche
E		Elefant
F		Familie
G		Gitarre
H		Hammer
I		Indianer
J		Joghurt
K		Känguru
L		Leiter
M		Maus
N		Nudeln
O		Ohr
P		Palme
Q		Quelle
R		Ring
S		Sonne
T		Tanne
U		Unterschrift
V		Vulkan
W		Wal
X		Xylophon
Y		Yeti (legendärer Schneemensch im Himalaya-Gebiet)
Z		Zebra

zum Beispiel Dose oder Deckel, E wäre Esel oder Elefant. Sie finden auf der nächste Seite eine ABC-Liste (Tab. 3). Seien Sie so nett, lesen Sie diese Liste durch. Überlegen Sie, ob Sie mit diesen Bildern arbeiten können. Wenn ja, besitzen Sie nun von den einzelnen Buchstaben bereits eine ganz konkrete Vorstellung. Tun Sie dies bitte jetzt. Studieren Sie die Liste und kehren Sie dann an diese Stelle im Buch zurück.

Auch Silben lassen sich in Bilder verwandeln

Dabei wollen wir es natürlich nicht belassen. Es wäre zu mühsam, sich immer die einzelnen Buchstaben als Bilder zu merken und daraus ein möglicherweise ewig langes Wort zusammenzusetzen. Versuchen wir uns nun an ganzen Silben.

Beispiele:

na ➪ Nachtigall, Nacht
no ➪ Nonne
ni ➪ Nilpferd
nu ➪ …

Na? Bestimmt kommen Sie selbst auf prima Bilder. Notfalls – sollte Ihre Phantasie Sie im Stich lassen – schlagen Sie den Duden auf und sehen nach unter „nu“. Vielleicht stolpern Sie dann über die Nudel, und Sie sagen sich: Jawohl, das gefällt mir, die Nudel kann ich mir merken. Also:
Nudel

So gewöhnen Sie sich an, Standardbilder für bestimmte Silben zu gebrauchen. Wir können die Liste der Beispiele fortsetzen (eine etwas ausführlichere Liste mit Silbenbildern finden Sie im Anhang unter A4):

an ➾ Ananas
am ➾ Ameise, Amsel, Amerikaner …

Sie sehen: Es schadet nicht, sich für eine Silbe mehrere Bilder-Varianten zu merken. Wenn Sie über mehrere Bilder verfügen, wächst natürlich Ihr kreativer Spielraum enorm und es fällt umso leichter, Verknüpfungen zwischen verschiedenen Silben herzustellen.

Vielleicht ist es Ihnen noch gar nicht bewusst geworden: Indem Sie die einzelnen Silben mit bestimmten Bildern in Verbindung bringen, haben Sie ein wunderbares, einfaches und völlig klares Unterscheidungsmerkmal! Nie wieder werden Sie in einem Fremdwort die Silben „an“ und „am“ verwechseln, weil Sie einmal an die Ananas und einmal an die Ameise denken. Und wer kann nicht zwischen Ananas und Ameise unterscheiden! Ich habe herausgefunden, dass diese Technik auch eine große Hilfe darstellt, wenn es um die Endung eines Wortes geht. Ein Beispiel: Jemand stellt sich Ihnen vor als Herr Böckler; oder war es Böckner? Am Ende auch Böckle? Sie wissen, was ich meine. Nun nehmen wir ein Bild zu Hilfe. In diesem Namen steckt ja ganz offensichtlich jeweils „Bock“. Wir stellen uns einen Bock vor. Nicht einen hölzernen Bock aus dem Geräteturnen, sondern das lebendige Tier mit Fell und Geblöke und Geruch. War der Herr ein Herr Böck**ler** sehen wir im Geist eine **Ler**che auf dem Bock sitzen und hören sie singen; war es ein Herr Böck**ner**, denken wir an einen Bock, der sich mit einem **Ner**zfell verkleidet hat! Und im Falle eines Herrn Böck**le** sei der Bock nun doch nicht lebendig, sondern aus **Le**go gemacht.

Angenommen, Sie legen sich eine Liste mit Silbenbildern an: Was meinen Sie, wie viele verschiedene Silben gibt es? – Es sind weniger, als Sie denken! Wenn Sie eine Zeit lang ein wenig darauf achten, werden Sie dieselbe Erfahrung machen wie ich: Die Zahl der Silben (zumindest der geläufigen) ist durchaus überschaubar; ich würde sie auf rund 200 schätzen. Für den persönlichen Gebrauch habe ich mir entsprechende Bilder zu etwa 100 bis 150 Silben zurechtgelegt. Sie dienen mir als Teile in einer Art Baukastensystem, das aus den Bildern, die zu den Silben gehören, irgendwelche Geschichten zusammensetzt. Im Folgenden werde ich Ihnen zeigen, was ich damit konkret meine und wie auch Sie ein wahrer Silbenbilder-Baumeister werden.

Silbenbilder schaffen – ein Beispiel

Folgender Satz sei gegeben:
„Waren es die großen Kinderzahlen, die eine Überbevölkerung verursachten, waren es Naturkatastrophen oder Klimaveränderungen, war es die Pest oder ganz einfach der Drang nach Abenteuer?“

waren	➩	In diesem Falle nehme ich das komplette Wort heran, es ist nicht nötig, „waren“ in Silben zu zerlegen. Aus dem Verb mache ich ein Substantiv: „Waren“ – und sehe irgendwelche **Waren** in einem Warenhaus vor mir.
es	➩	**Es**sen
die	➩	Vielleicht der **Di**amant oder Lady **Di**, die verstorbene englische Prinzessin.
großen	➩	Auch hier würde ich nicht in Silben zerlegen, sondern mir das Wort komplett vorstellen – ein großes Gebäude, ein großer Baum, ein großer Mensch …

Kinderzahlen ➾ Das Wort teilt sich von allein in **Kinder** und **Zahlen**; beides lässt sich vorstellen. Kinder lebhaft und laut, Zahlen etwa über die Kugeln bei der Auslosung der Lottozahlen. Natürlich kann ich die Kinder auch in Silben unterteilen. Für kin- könnte dann beispielsweise das **Kin**n stehen (auch wenn es sich mit doppeltem n schreibt); aber im Normalfall würde ich das Wort als Ganzes stehen lassen.

Überbevölkerung ➾ Ich weiß nicht, wie es Ihnen geht, aber ich habe Schwierigkeiten, mir dieses Wort als Ganzes in einem Bild vorzustellen. Zumindest bekomme ich kein klares Bild zustande. Freilich könnte ich versuchen, viele Menschen zu sehen, aber das wird doch eher diffus. Also nehme ich den ersten Teil: **über**. Und schon geht es wieder: Ich sehe etwas über mir in der Luft, sehe etwas schweben. Vielleicht sehe ich mich selbst schweben. Und wenn ich dann nach unten blicke, sind dort viele Leute mit einem **Be**sen in der Hand: Überbe… Den Rest bekomme ich dann mit großer Wahrscheinlichkeit automatisch vom Gehirn geliefert, das wie der Computer schon die Suchfunktion laufen hat und bei „Überbe…“ ziemlich schnell landet bei „Überbevölkerung“.

Naturkatastrophen ➷ Das Wort wird zerlegt: Natur-katastrophe. Und nun suche ich Bilder für jeden Bestandteil. **Natur**: Bergwald, Schneefall, Meer. Ich nehme das Meer. Vielleicht fällt Ihnen etwas ganz anderes ein. Heidelandschaft? Auch in Ordnung. Wie gesagt: Ich lande erst mal beim Meer, von dem Bild aus fällt mir leicht der **Kata**maran ein und schon habe ich den zweiten Wortteil festgemacht. Vielleicht singt auf diesem Katamaran jemand zwei, drei schöne **Strophen** – und fertig: Naturkatastrophen.

Nun sind Sie an der Reihe

Ich würde Ihnen vorschlagen: Nehmen Sie einen Text aus einer Zeitung, markieren Sie zwei x-beliebige Sätze und schreiben Sie alle vorkommenden Silben heraus. Überlegen Sie sich in einem zweiten Schritt, welche Bilder Sie diesen Silben zuordnen könnten; Bilder, die für Sie leicht zugänglich sind, die Sie sich gut merken und mit denen Sie kreativ umgehen können. Natürlich könnte ich Ihnen hier eine fertige Liste mit Silbenbildern präsentieren. Doch es wäre nicht dasselbe. Sie können effektiver arbeiten, wenn Sie sich eigene Bilder schaffen, die Ihrer Welt entsprechen. (Sollten Sie weitere Starthilfe benötigen, blättern Sie nach im Anhang unter A3). Ich bin neugierig, welche Silbenbilder Ihnen einfallen. Seien Sie nicht zu orthodox, sondern gehen Sie die Angelegenheit relativ locker an. Lassen Sie mal ein Wort als Ganzes stehen, zerlegen Sie ein anderes bis auf die Einzelbuchstaben. Wichtig ist nur, dass Sie mit den Bildern etwas anfangen können. Und dass Sie die Erfahrung machen: Wow, auf diese Weise kann ich mir ein Wort ja viel besser merken, als wenn ich so eine lange Buchstabenschlange in meinem Kopf aufbewahren muss! Diese Erfahrung wünsche ich Ihnen jetzt. Auf geht's!

Von der Theorie zur Praxis

Das erste konkrete Beispiel

Welcome back! Wir wollen nun ein paar Beispiele hören und dann gemeinsam mit dem Üben beginnen. Sie erinnern sich: Von Ägypten und Burkina Faso war vorhin die Rede. Bei Ägypten hatten wir die Pyramiden vor Augen und kamen damit wunderbar zurecht. Aber Burkina Faso! Nun, die Ärmel hochgekrempelt und ran an den Speck: Zerlegen wir das Wort. Bur-kina Fa-so. Sieht schon besser aus, oder? Da springt uns gleich die **Burg** an und **China** kommt sofort hinterher. Eine Burg in China gibt es ... da **fas**ten die Leute am **So**nntag! Heureka! Ich hoffe, Sie schmunzeln jetzt und denken: Jawohl, es gibt eine Burg in China, da fasten die Leute am Sonntag: Burkina Faso. Immer wieder aber passiert es mir im Seminar, dass Einzelne aufstöhnen: Um Himmels willen, das ist ja noch schlimmer, da muss ich mir ja gleich vier oder fünf Sachen merken, bloß damit ich ein Wort kann!!

Mit solch einer Einstellung stehen Sie sich selbst im Weg. Lassen Sie sich von folgenden Argumenten überzeugen, dass der vorgeschlagene Weg ein prima Weg ist:

1. Ihr Unterbewusstsein speichert in der Regel ohnehin nur ein einziges Bild pro Information. Das heißt, die Burg in China mit den sonntags fastenden Leuten wird als ein ein-

ziges Bild abgelegt. Und: pro Sekunde schaffen Sie es, etwa 16 Bilder abzurufen!

2. Diese Technik wird ja nur dann angewandt, wenn Sie es mit Worten zu tun haben, die Sie sich schlecht oder gar nicht merken können.
3. Im Grunde gibt es hier nichts zu „lernen“, denn sobald Sie sich einmal diese Burg da in China vorgestellt haben mit dem Fasten am Sonntag (ausgerechnet am Sonntag, wenn man einmal so richtig Zeit hätte zum Schlemmen!), sitzt dieses Bild fest in Ihrem Gehirn verankert.

Es gibt eine Faustregel: Was Sie sich nicht vorstellen können, das gelangt nicht in Ihre Seele und das können Sie sich auch nicht merken. Deshalb ist es sicher ökonomischer, Sie gehen diesen Weg, auch wenn er Ihnen zunächst umständlich oder kompliziert erscheint – allein deshalb, weil es anders nicht geht. Sagen Sie sich einfach: Ich kann mir das Wort ohne irgendwelche Krücken nicht merken, also nehme ich die Krücken. Wenn es dann funktioniert, habe ich gewonnen! Und Sie werden sehen: Es funktioniert. Spätestens nach dem 50. Wort werden Sie nicht mehr diskutieren wollen, ob und warum Sie sich mit solchen Bilder-Geschichten abmühen sollen. Deshalb ist es mein Ziel, Sie dahin zu bringen, diese 50-fache Erfahrung zu machen: So geht es. Lassen Sie also bitte Wenn und Aber beiseite, wenn ich nun gemeinsam mit Ihnen an einer ganzen Reihe von Beispielen die vorgestellte Technik anwenden werde.

Übungsbeispiele

L’enbouchure

Beginnen wir mit dem Wort „l’enbouchure“, dem französischen Ausdruck für „die Mündung“. Gesprochen klingt es etwa wie „lambuschür.“ Mein Bild ist nun Folgendes: An einer Mündung steht ein **Lam**m, das in einem **Busch** eine **Uhr** findet. Das alles kann ich sehen: Das Lämmchen, ob weiß oder schwarz, den Busch, an dem es frisst, und die Uhr, die darin zum Vorschein kommt – eine Armbanduhr, die vielleicht ein Liebespaar bei seiner zärtlichen Umarmung verloren hat. Und schon bringt das Gehirn Lamm, Busch und Uhr mit der Mündung in Verbindung, macht daraus „l'enbouchure = die Mündung“ – und Sie haben gewonnen! Ich habe mit Schülern gearbeitet, die zu mir kamen, weil sie Schwierigkeiten hatten, sich bestimmte Vokabeln zu merken, aus dem Englischen, dem Französischen oder dem Lateinischen. Mit ihnen habe ich auf diese Weise jeweils zehn Wörter eingeübt. Als wir das erreicht hatten, gingen wir zurück an den Anfang und wiederholten. Siehe da, von den zehn erlernten waren immerhin sechs noch da! Der erste Erfolg spornte die Schüler an, sich die restlichen vier nochmals vorzunehmen. Dann folgte die zweite Wiederholung, schließlich auch noch eine dritte und notfalls vierte. Das Resultat: Jeder Schüler beherrschte die zehn gelernten Worte perfekt. Und die nächsten zehn Worte wurden bereits mit viel weniger Skepsis und Angst angegangen. Denn die Erfahrung hatte gezeigt: Es geht!

Also: Lassen Sie sich nicht irritieren. Die Methode ist unglaublich effizient. Spätestens bei der zweiten oder dritten Wiederholung werden Sie ganz überwältigt feststellen: Ich kann es! Und Sie werden überzeugt sein, dass dieser Weg des Lernens ein guter Weg ist.

Ja, und was ist mit der Schreibweise?, fragen Sie nun womöglich. Ich gebe zu: Die Orthographie ist in diesem ersten Schritt nicht automatisch mit inbegriffen. Aber überlegen wir: Wenn ein Kind sprechen lernt, lernt es zuerst den Klang der Wörter. Das Schriftbild folgt erst viel später. Um Grammatik und Orthographie kümmert sich so ein kleines Wesen nicht. Folgen wir diesem Beispiel, lernen wir zuerst das Klangbild, dann lassen wir die richtige Schreibweise folgen. Oft genug reichen unsere vorhandenen Grammatik- und Orthographiekenntnisse aus, um ein Wort allein nach seinem Klangbild automatisch richtig zu schreiben, und damit ist der Fall bereits erledigt. Im Falle von „l'enbouchure" könnte es freilich sein, Sie sagen: Nein, ich schreibe dieses verflixte Wort immer mit „u" anstelle von „ou". Dann stellen Sie sich einfach in dem Busch neben der Uhr einen Ottifanten vor und schon ist das Wort gar nicht mehr so verflixt. Die Wahrscheinlichkeit, dass Ihr Gehirn beim Abrufen dieses Bildes nur den Busch mit Uhr, aber ohne Ottifant herbeizaubert, ist gleich null. Sie sehen den Ottifanten, ob Sie wollen oder nicht. Er taucht auf, hat vielleicht sogar die Uhr am Rüssel, und Sie wissen auf der Stelle: Ja, ja, alles klar, da muss noch ein O vor das U. Bingo!

Carina

Unser nächstes Beispiel sei die lateinische Vokabel für „Schiff": „Carina". Bleiben wir zunächst beim Schiff. Das ist ein plastisches Wort, unter dem sich jeder den zugehörigen Gegenstand vorstellen kann. Carina? Nun, wir nehmen den ersten Teil: **Car**. Jeder, der ein wenig Englisch kann, weiß: „Car" bedeutet „Auto". Wir verpassen also dem Schiff vier Räder. Sehen das Schiff mit Rädern, denken an ein Auto und das heißt „Car". Damit haben wir den ersten Teil der Vokabel gelernt. Und jeder, der über Grundlagen in Latein verfügt, wird daraus automatisch „Carina" machen.

Upraschninje

Nun wollen wir uns an einem relativ schwierigen Wort versuchen: „upraschninje". Das ist russisch und heißt auf Deutsch „Übung". Die kyrillische Schreibweise sieht natürlich anders aus (упражнение); da wir uns aber im Folgenden auf die Klangbilder konzentrieren, werden wir die Worte mit den uns geläufigen Schriftzeichen schreiben, und zwar so, wie man sie ausspricht – ob es sich nun um französische, chinesische oder sonstige Worte handelt. Zurück zu „upraschninje":

up	➾	Englisch für rauf, hinauf
rasch	➾	schnell, flott
ninje	➾	erinnert an den **Ninj**akämpfer

Daraus basteln wir jetzt ein Bild zusammen: Ich gehe von der Hocke in die aufrechte Haltung (**up**), und zwar **rasch**, dann werde ich ein **Ninj**akämpfer in Russland. Nun fehlt noch die Verbindung zum deutschen Äquivalent: Ich mache eine **Übung**, stehe aus der Hocke auf, und zwar rasch, und werde ein Ninjakämpfer in Russland. Damit ist klar: „Übung" heißt auf Russisch „upraschninje".

Anasema

„Anasema" ist Suaheli und bedeutet: „Hören Sie mal!" Wie verbinden wir nun diese beiden Begriffe miteinander?

hören …	➾	Da ist ein kleiner Afrikaner, der **hört** schlecht,
ana	➾	weil er eine **Ana**nas im Ohr hat.
se	➾	Diese Ananas werfe ich in den **Se**e,
ma	➾	in dem die Mutter (= **Ma**) des Jungen schwimmt.

Sie können nun mit absoluter Treffsicherheit sagen: „Anasema!" Das heißt: „Hören Sie mal!" Oder umgekehrt: „Hören Sie mal" auf Suaheli? Klar: „Anasema". Sollte es nicht funktionieren, geben Sie bitte nicht auf. Dann ist einfach das Bild für Sie ungeeignet. In dem Fall lautet die Devise: Suchen Sie sich ein besseres!

Zwischenstopp: Wiederholung

Machen wir einen Test: Was heißt l'enbouchure (lambuschür)? Ich wette, es kommt wie aus der Pistole geschossen: Mündung. Denn da war doch das Lamm am Busch mit der Uhr und dem Ottifanten, nicht wahr? Sie finden in Tabelle 4 noch einmal alle bisher gelernten Worte aufgelistet. Decken Sie zunächst die Fremdsprache ab und überprüfen Sie, ob Sie die Vokabeln noch wiedergeben können. Dann machen Sie es umgekehrt und decken die deutschen Entsprechungen ab. Freuen Sie sich darüber, wie schnell Sie das alles gelernt haben! Vor allem aber: Wiederholen Sie die Vokabeln morgen noch einmal. Wie Sie wissen, gibt es ein bestimmtes Procedere für den Transfer eines gelernten Inhalts in das Langzeitgedächtnis. Zunächst die Wiederholung nach 20 Minuten (die Sie jetzt gleich durchführen), dann die zweite Wiederholung nach dem Ablauf von rund 24 Stunden. Und danach wiederholen Sie die Lerninhalte insgesamt noch fünfmal, und zwar über mindestens drei Tage verteilt. Die Lernkartei, über die wir vorne gesprochen haben, hilft Ihnen dabei. Und schließlich sind die Vokabeln ziemlich sicher in Ihrem Langzeitgedächtnis verwahrt.

Und nun frisch ans Werk:

Tabelle 4: Vokabelcheck

Fremdwort	deutsche Entsprechung
Burkina Faso	*ein afrikanisches Land*
l'enbouchure (lambuschür)	Mündung
carina	Schiff
upraschninje	Übung
anasema	Hören Sie mal!

Gromkagawaritel

Bevor wir einen Schritt weiter gehen und gelernte abstrakte Begriffe auf Listen ablegen, wollen wir uns der Gaudi halber noch einem besonders schönen Wort zuwenden: „Gromkagawaritel". Ist das nicht nett? Es ist wiederum russisch und bedeutet „Lautsprecher". (Und weil es so schön ist, hier die kyrillische Schreibweise: (громкоговорител) Hören wir noch einmal: „Gromkagawaritel". Sich so ein Wort als Gesamtwortbild zu merken – sei es am Klang oder am optischen Bild – ist nicht einfach. Und es ist fast unmöglich, es auf Dauer abzuspeichern. Vielleicht schaffen wir es noch, es für zehn, 20 Sekunden im Ultrakurzzeitgedächtnis zu behalten, aber das war's dann. Doch hier kann Abhilfe geschaffen werden:

G ➩ **G**roßmutter – G und Großmutter, das ist fantastisch. Also, was macht nun die Großmutter?

rom ➩ **Rom**. Großmutter geht nach Rom.

ka ➩ **Ka**ffee. Klar, in Rom trinkt die Großmutter Kaffee.

ga ➩ **Ga**ns – wie bekommen wir die Gans zur Großmutter nach Rom in den Kaffee? Ach,

		ganz einfach, die schwimmt da im Kaffee, und all die weißen Federn sind schon ganz schmutzig braun. Hoffentlich verbrüht sie sich nicht die Füße!
wa	➾	**Wa**rzen. Na klar, die Gans hat Warzen.
ri	➾	**Rhi**zinusöl. Wir behandeln einfach die Warzen der Gans mit Rhizinusöl (auch wenn es sich dabei eigentlich um ein Abführmittel handelt!).
tel	➾	**tel**efonieren. Ja, wenn die Gans gesund ist, gehen wir telefonieren und sagen es allen, die es interessiert.
Lautsprecher	➾	Und wenn wir dabei das Telefon auf einen **Lautsprecher** legen, dann pfeift es. Rückkopplungseffekt. Also: Vorsicht!

Apropos Rückkopplung: Wie war das mit der Großmutter? Ach ja, alles klar: Die **G**roßmutter fliegt nach **Rom**, trinkt dort einen **Ka**ffee. Darin schwimmt eine **Ga**ns mit **Wa**rzen, die mit **Rhi**zinusöl behandelt werden. Und wenn sie Erfolg mit ihrer Therapie gehabt hat, dann **tel**efoniert die Großmutter mit ihren Freunden. Aufpassen mit dem **Lautsprecher** wegen der Rückkopplung …

Machen Sie nun die Probe aufs Exempel: Schnappen Sie sich ein Blatt Papier und schreiben Sie darauf das russische Wort für „Lautsprecher“. Na? Bestimmt haben sie höchstens ein, zwei Flüchtigkeitsfehler gemacht. Nun sehen Sie sich das Schriftbild an und schreiben das Wort noch einmal. Geklappt? Dennoch: Schreiben Sie es ein drittes Mal auf. Bei mir hat sich diese Methode bewährt, dreimal schreiben und notfalls dreimal korrigieren.

Erfolgsbilanz

Wie geht es Ihnen jetzt? Ich hoffe, Sie spüren dieses Erfolgsgefühl, das mir im Seminar an dieser Stelle regelmäßig entgegenschlägt, weil jeder merkt: Wow, ich kann innerhalb von nur 30 Sekunden ein wahnsinnig kompliziertes Wort lernen! Vielleicht brauchen Sie am Anfang noch einige Sekunden, bis sie es zusammengebaut haben aus G und Rom und Ka(ffee) und Ga(ns) und War(zen) und tel(efonieren). Doch mit den Wiederholungen gelingt diese Konstruktion immer schneller, und wenn Sie das Wort schließlich ins Langzeitgedächtnis transferiert haben, flutscht es automatisch. Sie müssen sich stets klar machen: Der erste Schritt beim Lernen besteht darin, eine Information sauber und akkurat im Kurzzeitgedächtnis abzulegen. Dieser Schritt ist manchmal schwierig und mühevoll, doch er lässt sich nicht umgehen. Die anschließenden Wiederholungen laufen bereits einfacher und führen schließlich dazu, dass Sie das Gelernte in Ihrem Langzeitgedächtnis stets griffbereit zur Verfügung haben. Übrigens lernt ein Kind nach genau demselben Prinzip; es „übt" – das heißt, es wiederholt etwa eine Tätigkeit oder ein neues Wort so lange, bis es sitzt. Doch während das Kind locker 30- bis 40-mal übt, schaffen wir es dank unserer Technik mit insgesamt sechs Wiederholungen.

An dieser Stelle möchte ich Ihnen wieder eine kleine Aufgabe ans Herz legen: Wählen Sie aus einem Zeitungsartikel oder einem beliebigen Text aus irgendeinem Buch mindestens zehn abstrakte Begriffe aus und versuchen Sie, daraus auf die beschriebene Weise Bilder zu gestalten. Diese Übung hilft Ihnen, Sicherheit mit der Methode zu entwickeln und das Bewusstsein zu vertiefen, dass es gar nicht so schwer oder umständlich ist, wie es möglicherweise zunächst den

Anschein hat. Wenn Sie damit fertig sind, lesen Sie bitte weiter im folgenden Abschnitt.

Die Liste für abstrakte Informationen

Wozu es gut sein soll

Eine Liste für abstrakte Informationen … lassen Sie mich erklären, was ich damit meine. Sicher haben Sie in aller Regel kein großes Interesse daran, gelernte Vokabeln auf irgendwelchen Listen abzulegen. Schließlich wollen Sie nicht wissen, dass das gelernte Wort etwa das dritte Wort auf der fünften Seite im Französischbuch ist, sondern Sie möchten einfach wissen: „L'enbouchure" heißt „die Mündung".

Manchmal gibt es aber doch Situationen, die nach einer Liste verlangen. Ein ganz banales Beispiel: Sie möchten Ihre Vokabeln wiederholen, ohne dazu das Wörterbuch zu benötigen. In diesem Fall ist es sinnvoll, die Vokabeln auf den vorhandenen Listen abzulegen. Angenommen, Sie lernen am Tag 20 neue Wörter, dann können Sie beispielsweise die Baumliste dazu heranziehen oder die Körperliste und eine der noch folgenden Raumlisten. So. Die Wörter sind fixiert und können abgerufen werden, wann immer sie wollen – kurz vor dem Einschlafen, beim Autofahren (wenn Sie gerade im Stau stehen) oder wo auch immer. Ich gebe allerdings zu, man muss nicht unbedingt vor dem Einschlafen Vokabeln herunterleiern … Für das Vokabelnlernen bleibt eine solche Liste sicher die Ausnahme.

Ganz anders ist der Fall gelagert, wenn Sie eine Rede halten. Ihnen ist daran gelegen, nicht einen vorformulierten Text abzulesen, sondern Sie wollen frei reden. Damit Sie nicht vergessen, worüber Sie reden wollen und nicht etwa einen wichtigen Punkt auslassen, bereiten Sie einen Zettel mit 40 oder 50 Stichworten vor, den Sie vor sich auf das Pult legen. Na ja, so ganz frei wird die Rede dann auch nicht, oder? Wenn Sie natürlich diese Stichworte – in der Regel eine Mischung aus abstrakten und konkreten Begriffen – in Ihrem Kopf auf irgendwelchen Listen abgelegt haben, können Sie den Zettel getrost in den Papierkorb werfen, dann reden Sie wirklich frei.

Wir beginnen, indem wir zehn nicht ganz einfache abstrakte Begriffe auf der Körperliste ablegen. Am Ende dieser Übung werden Sie zwei Dinge erkannt haben:

1. Es geht. Es funktioniert *gut*. Es funktioniert *schnell*. Sie können innerhalb von drei Minuten tatsächlich zehn abstrakte Begriffe in Ihrem Kopf verankern, und zwar so, dass Sie jederzeit wieder Zugriff darauf haben. Entscheidend ist, dass Sie ein passendes Symbol wählen, also eines, mit dem Sie etwas anfangen können. Es gibt keine guten oder schlechten Symbole; entscheidend ist, wie es Ihnen damit ergeht. Manchmal wird Ihnen überhaupt kein Symbol in den Sinn kommen. Dann weichen Sie auf das Klangbild aus; dieser Weg bleibt Ihnen als zweite Wahl stets offen.
2. Auch die Körperliste lässt sich (wie die Baumliste) immer wieder neu belegen; wir hatten damit ja bereits die Planeten gelernt.

Übung: Zehn abstrakte Begriffe auf der Körperliste ablegen

Nun aber zur Übung selbst. Betrachten Sie zunächst Ihre fiktive Liste mit Stichworten, die wie folgt aussieht:

- Cashflow
- Bruttoinlandsprodukt
- Bilanz
- Konstante
- Reproduktion
- Sensibilität
- Anständigkeit
- Hunger
- Verstand
- Schlafen

Nicht ganz einfach, oder? Bruttoinlandsprodukt, Reproduktion, Konstante … wir werden das alles über Symbole ganz konkret machen. Zunächst mit Bildern, die ich für Sie schaffe, um Ihnen ein Beispiel zu geben, wie so etwas aussehen kann. Nehmen Sie diese Bilder als Vorschläge; sie können bei Ihnen funktionieren, müssen aber nicht. Sollte ein Bild dabei sein, mit dem Sie nun wirklich nichts anfangen können – tauschen Sie es aus gegen ein eigenes. Später werden Sie ohnehin Ihre eigenen Bilder schaffen. Nun aber los:

Schuhe: *Cashflow* ➾ Sie haben Münzgeld in den Schuhen, na so was! Münzgeld, das ist auf Englisch „**cash**". Ich nehme an, dieser englische Begriff ist allgemein bekannt. Und nun stellen Sie sich vor, das Geld fließt (englisch „to **flow**") aus Ihren Schuhen heraus. Was muss das für ein Gefühl sein! Geld, das fließt – Cashflow.

Knie: *Bruttoinlandsprodukt* ➾ Nun versuchen Sie, sich „**Inland**" in Form einer Deutschlandkarte an Ihrem Knie vorzustellen. Sie nehmen diese Karte und zerreißen Sie ganz **brut**al – ritsch, ratsch. Wenn Sie dann in Ihrer Rede bei Punkt zwei anlangen und an dem Knie die Karte sehen, werden Sie sicher nicht dem Publikum erzählen, dass Sie eine Deutschlandkarte zerfetzen. Sondern Sie werden über „brutal" und „Inland" schnell das Wort „**Brut**to**inland**sprodukt" vor sich sehen.

Hosentasche: *Bilanz* ➾ Hier ist das Bild sehr nahe liegend: Sie kehren die Hosentasche nach außen – leer. Tja, seufzen Sie, das ist meine **Bilanz**! Oder Sie stellen sich rechte und linke Hosentasche als Soll und Haben vor; auch das führt zur **Bilanz**. Für jemanden, der mit diesem abstrakten Begriff nichts anfangen kann, ein Kind etwa, wäre auch die Silbentrennung möglich: In der Hosentasche schwirrt eine **Bi**ene mit einer **Lanz**e, die mich sticht. **Bi**ene + **Lanz**e = Bilanz.

Gesäß: *Konstante* ➾ Kurz und schmerzlos: Mensch, auf meinem Gesäß, da war **Kon**fitüre, die **stand** einfach da. **Kon**fitüre + **stand** = Konstante.

Taille: *Reproduktion* ➾ Ein **Re**h steht auf meiner Taille, das befindet sich gerade in einer **Produktion** für ein Musical. **Re**h + **Produktion** = Reproduktion.

Oder einfacher: Ein **Re**h hält den Daumen nach oben, das heißt „dafür“, also „**pro**“. Auch aus Reh + pro = **Repro** macht unser Gehirn automatisch die Reproduktion, es benötigt gar nicht die kompletten Wortbestandteile.

Lassen Sie mich an dieser Stelle ganz kurz unterbrechen. Wie kommen Sie bislang klar? Sind die Bilder gut für Sie? Am besten schließen Sie nach jedem Bild die Augen und prüfen, ob Sie das beschriebene Bild sehen, hören, riechen, fühlen können oder nicht. Wenn nicht, versuchen Sie es mit einem anderen Bild, das Sie sich selbst zurechtlegen.

Brustkorb:
Sensibilität
➭ Betrachten Sie Ihren Brustraum, fühlen Sie, wie **sensibel** Sie in diesem Bereich sind, wie empfindlich die Haut hier ist. Alternative: Sie tragen ein T-Shirt aus dem letzten Urlaub in den Alpen, wo man auf den Almen das Gras noch mit der Sense mäht. So eine **Sens**e ist auf dem T-Shirt abgebildet. Aus „Sense“ macht Ihr Gehirn problemlos „Sensibilität“.

Schultern:
Anständigkeit
➭ Lassen Sie sich im Geist von jemandem auf die Schultern klopfen, der zu Ihnen sagt: „Das war **anständig**, was du da gemacht hast.“ Natürlich können Sie auch daran denken, was das für ein ulkiges Gefühl war, als kürzlich eine **An**anas auf Ihrer Schulter **stand** …

Hals:
Hunger
➭ Sie schlucken, doch da ist nichts, was Sie hinunterschlucken könnten. Mann, haben Sie einen **Hunger**!

Gesicht: *Verstand* ➾ Ein konzentrierter Gesichtsausdruck zeigt, dass ich am Denken bin, dass mein **Verstand** im Einsatz ist. Oder: Neulich war da ein **Ferk**el, das **stand** auf meiner Nase. **Ferk**el + **stand** = Verstand.

Haar: *Schlafen* ➾ Betrachten Sie Ihr Haar. Es ist ganz zerstrubbelt, weil Sie gerade noch ge**schlafen** haben. – Wenn Sie wollen, können Sie sich auch ein Bett auf Ihrem Kopf vorstellen, in dem jemand schläft. Das macht Ihnen vielleicht mehr Spaß.

Wiederholen wir: Wir betrachten die Zehen und spüren, wie die Münzen herausfließen (*Cashflow*). Am Knie baumelt eine Deutschlandkarte, die wir hingebungsvoll brutal zerfetzen (*Bruttoinlandsprodukt*), weil uns die leere Hosentasche unsere *Bilanz* zeigt. Die Konfitüre, die am Gesäß stand, erinnert uns an die *Konstante*, das Reh an der Taille mit dem Daumen nach oben (pro) an die *Reproduktion*. Die Sense auf dem T-Shirt und die Ananas auf der Schulter führen uns zu *Sensibilität* und *Anständigkeit*; weil der Hals nichts zu schlucken bekommt, haben wir *Hunger*. Zuletzt wundern wir uns über das Ferkel, das auf der Nase stand und das Bett mit dem Schläfer auf unserem Kopf – und haben sogleich *Verstand* und *Schlaf* parat.

Nun möchte ich Sie bitten, wiederum ein Blatt Papier zu nehmen, darauf die Zahlen 1 bis 10 zu notieren und dann die zugehörigen Begriffe aufzuschreiben. Tun Sie dies bitte jetzt und kehren Sie dann zum Buch zurück.

Ich nehme an, Sie haben nicht auf Anhieb gleich alle zehn abstrakten Begriffe wiedergeben können. Ich tippe auf sechs oder sieben Treffer, vielleicht sogar acht oder neun. Aber selbst wenn es nur drei sein sollten, geben Sie bitte nicht auf. Für jeden gilt: Vergegenwärtigen Sie sich die Liste noch einmal, indem Sie erst nachlesen und sich dann die Bilder plastisch vorstellen. Danach nehmen Sie erneut ein Blatt Papier und … na, das wissen Sie ja. Wiederholen Sie diesen Vorgang so oft, bis alle Begriffe sitzen; in der Regel sind drei Wiederholungen sinnvoll. Sollten Sie immer an demselben Bild scheitern, liegt es vermutlich nicht an Ihnen, sondern an diesem Bild. Ersetzen Sie es also durch ein eigenes. Schließlich werden Sie eine Liste vor sich liegen haben, auf der alle zehn Begriffe perfekt sind. Erst dann lesen Sie bitte unten weiter.

Einige Randbemerkungen

Ich gehe mal davon aus, es ist Ihnen nicht passiert, dass Sie die Venus auf Ihren Knien mit dem Bruttoinlandsprodukt verwechselt haben. Stimmt's? Und das zeigt Ihnen (wie versprochen), dass Sie eine Liste wie die Körperliste ohne Probleme doppelt und mehrfach belegen können, sofern die Zusammenhänge eindeutig sind: Planeten hier – Stichworte für eine Rede dort. Selbst wenn Sie mehrmals täglich eine Liste neu belegen, wird Ihr Gehirn nicht durcheinander geraten. Ist das nicht fantastisch?

Übrigens müssen Sie wissen, dass Sie zum Abrufen der gelernten Information nicht auf ewig auf Ihre „Krücken" angewiesen sein werden. Sobald Sie beispielsweise Ihre Planeten genügend oft wiederholt, sprich ins Langzeitgedächtnis transferiert haben, können Sie direkt die Namen und Positionen der Planeten abfragen, ohne Bezug auf die Körperliste nehmen zu müssen. Sollte allerdings gelegentlich eine Situation auftreten, in der Sie eine plötzliche Unsicherheit verspüren, dann hilft der Gedanke: Ach, in meiner Gesäßtasche, da hatte ich doch diesen Schokoriegel, der ständig Gefahr lief, zu schmelzen … richtig, der vierte Planet war der Mars. Wie gesagt: Diese Hilfskonstruktion wird nur noch in Ausnahmesituationen vonnöten sein. Ganz analog können Sie das russische Wort für „Lautsprecher" ohne die Geschichte von der Oma wiedergeben, indem Sie einfach sagen: „Gromkagawaritel". Machen Sie sich also keine Sorgen, dass Sie mit dieser angekündigten 100er-Liste einen kolossalen Ballast mit sich herumschleppen müssten. Ihr Wissen löst sich schnell von sämtlichen Hilfslisten, sobald Sie es sicher im Langzeitgedächtnis verankert haben.

Die Technik des Geschichtenerzählens

Einstieg

Bislang habe ich Ihnen eine Technik vorgestellt, die ich gerne als „Briefkasten-Technik“ bezeichne. Manchmal wird sie auch „Haken-Tecknik“ genannt oder „Loci-Technik“ (von grch. locus = der Ort). Wie vorne bereits erläutert, basiert diese Technik darauf, dass Sie eine Information in Ihrem Kopf an einem ganz bestimmten mentalen Ort ablegen können. Wir werden diese Technik – auch das wissen Sie bereits – später noch ausweiten, bis wir schließlich über 100 „Briefkästen“ verfügen.

Zuvor aber möchte ich Sie mit einem ganz andersartigen Weg vertraut machen, nämlich sich vorgegebene Informationen mit Hilfe von Geschichten zu merken. Beginnen wir damit, dass ich Ihnen eine kurze Geschichte erzähle, die Sie bitte zweimal durchlesen. Danach versuchen Sie, möglichst viele Stichworte zu dieser Geschichte aus dem Gedächtnis aufzuschreiben:

Die Geschichte vom Wagen
Stellen Sie sich einen Heuwagen vor, auf dem steht ein Ross. Auf dem Ross sitzt Mozart. Mozart trägt einen grünen Pullover, dieser Pullover ist gewebt. In der rechten Hand hält Mozart einen Blumenstrauß, in der linken einen bayerischen Bierhumpen. In dem Humpen befindet sich kein Bier, sondern Rumpunsch. Weil Mozart diesen Humpen mit Punsch so lange schleppen muss, bekommt er einen riesigen Bizeps und wird deshalb zu einem englischen Lord geschlagen – und

zwar mit einem Zinnbecherchen. Nachdem er Lord geworden ist, geht er in den Hof hinaus und betet.

Nun liefere ich Ihnen dieselbe Geschichte noch einmal, diesmal in geraffter Form. Bitte lesen Sie auch diese zweite Version zweimal und versuchen Sie wie vorhin, die erhaltene Information schriftlich wiederzugeben. Bitte, setzen Sie sich nicht unter Druck. Geben Sie Ihr Bestes, aber erwarten Sie keine Perfektion von sich. Machen Sie sich nun an die Arbeit und kehren Sie anschließend zum Buch zurück.

Die Geschichte vom Wagen – zweite Version
Sie sehen einen Wagen mit einem Ross, da sitzt Mozart, trägt grünen Pullover, ist gewebt, rechte Hand Blumenstrauß, linke Hand Humpen mit Punsch, wird wegen Bizeps zum Lord geschlagen mit Zinnbecher, geht in den Hof beten.

Lassen Sie mich raten: Sechs bis sieben Worte mindestens konnten Sie in der richtigen Reihenfolge hinschreiben. Den meisten Menschen gelingt es sogar, die Geschichte praktisch fehlerlos wiederzugeben. Wie gefällt Ihnen übrigens der Inhalt? Haben Sie sich gewundert, was das alles soll, Mozart war doch nie ein Lord … oder haben Sie bereits einen Verdacht? Wenn Sie völlig im Dunkeln tappen, was sich hinter dieser Geschichte verbirgt, dann kann das für das Lernen umso besser sein, weil Sie sich ausschließlich auf das konzentrieren, was Ihnen erzählt wird. Andere machen sich vielleicht bereits Gedanken über die Auflösung – was könnte hiermit gemeint sein? Und was damit? Lassen Sie mich nun das Geheimnis lüften: Sie haben soeben 11 Komponisten gelernt, die uns berühmte Opern hinterlassen haben, wie die folgende Liste (Tab. 5) zeigt.

Tabelle 5: 11 Opernkomponisten

Wagen:	Wagner	
Ross:	Rossini	
Mozart:	Mozart	
grün:	Verdi	➾ „grün" heißt auf Italienisch „verde"
gewebt:	Weber	
Blumenstrauß:	Richard Strauß	➾ Blumen sind ein Reichtum der Natur; reich – englisch: „rich" – Richard
Humpen:	Humperdinck	
Punsch:	Pucchini	
Bizeps:	Bizet	
Lord/ Zinn:	Lortzing	
Hof beten:	Beethoven	

Die Technik des Geschichtenerzählens ist dann eine gute und wirkungsvolle Methode, wenn es darum geht, relativ bekannte Informationen vollständig und in einer bestimmten Reihenfolge wiederzugeben. Testen Sie sich nun selbst: Nehmen Sie ein Blatt Papier und schreiben darauf die Namen der elf Komponisten in der richtigen Reihenfolge. Wiederholen Sie die Übung so lange, bis Sie alle Komponisten behalten haben. Sie brauchen dieses Wissen noch an späterer Stelle.

Anwendungsbeispiele

Formeln mit einer Geschichte verbinden

$$p = 100 \left(\sqrt[n]{\frac{K_n}{K_0}} - 1 \right)$$ *Zinseszinsformel*

Sie sehen oben eine Formel, die ein Schüler auswendig lernen möchte. Damit können Zinseszinsrechnungen bewältigt werden und der Schüler möchte die Formel in der Prüfungssituation parat haben, ohne erst lange nachdenken und sie möglicherweise sogar ableiten zu müssen.

Wir gehen ganz analog vor wie im Fall der Opernkomponisten und packen die Formel in eine Geschichte. Da es um die Zinseszinsformel geht, ist meine Ausgangssituation: Ich sitze zu Hause und warte auf den Zinssatz. Unsinnig? Ja, und wie! Aber das schadet überhaupt nicht, ganz im Gegenteil, gerade die unsinnigen Sachen funktionieren oft am besten. Lesen Sie also bitte die folgende Geschichte:

Ich warte zu Hause auf den Zinssatz. Da kommt ein Polizist, der mir jedoch keine Geldscheine bringt, sondern Eisenbahnschienen. Hundert an der Zahl. Diese hundert Eisenbahnschienen bringt er mir in einer Tasche. Darin ist ein Nashorn, das auf einer Wurzel sitzt. In der Wurzel wiederum sitzt ein König und bohrt sich in der Nase. Das tut er aus Erregung, denn er streitet sich gerade mit seiner Königin, weil diese einen zu teuren Ring gekauft hat. Mitten in diesem Streit reißen sie zusammen einen Baum aus.

Lesen Sie die Geschichte gleich ein zweites Mal, vielleicht auch noch ein drittes Mal.

Gespannt auf die Auflösung? Wofür steht das Nashorn und der Ring der Königin? Dann lesen Sie doch jetzt bitte die unten stehende Tabelle (Tab. 6) aufmerksam durch.

Tabelle 6: Die Zinseszinsformel

Polizist:	p		
Eisenbahnschiene:	= [Gleichheitszeichen]		
hundert:	100		
Tasche:	(	[Klammer]	
Nashorn:	n		
Wurzel:	√	[Wurzel]	
König + **N**ase:	K_n		
streiten:	—	[Bruchstrich]	
Königin + Ring:	K_o		[o = Ring]
ausreißen	–	[Minuszeichen; ausreißen = entfernen]	
Baum	1	[aus der Baumliste]	

Wenn ich an einer Schule dieses oder ein ähnliches Beispiel demonstriere, stelle ich regelmäßig zwei Dinge fest. Erstens: Alle kommen zu dem Schluss, dass sie sich auf diesem Wege eine Formel rasch und sicher merken können. Zweitens: Nicht alle sind der Meinung, dass es überhaupt notwendig ist, sich Formeln auswendig zu merken. Hier möchte ich gerne wieder auf Vera F. Birkenbihl verweisen, die sagt: Betrachten Sie das Ganze wie ein Warenhaus. Nicht jeder will alles kaufen, was es da gibt, sondern jeder legt genau das in seinen Einkaufswagen, was für ihn sinnvoll oder notwendig ist. Genauso verfahren Sie hier: Sie entscheiden selbst, ob Sie sich

Formeln einprägen wollen oder nicht. Wenn ja, dann dürfen Sie gewiss sein, dass die gezeigte Technik außerordentlich effektiv ist. Sie können sich damit zahllose Formeln in unterschiedlichsten Varianten sicher merken, ohne je etwas zu verwechseln. Ein N in der Formel präsentiert sich als Nashorn, wäre es ein M, würden wir uns eine Maus vorstellen – und nun sagen Sie nicht, Sie könnten ein Nashorn nicht von einer Maus unterscheiden!

Namen und Geburtstage in der Familie

Gehen wir an ein weiteres Beispiel heran. In Seminaren frage ich meist in den Raum: Wer hat die meisten Kinder? Oder: Wer hat die meisten Geschwister? Jedes Mal ist jemand dabei mit sieben Geschwistern, manchmal sogar 12. Mein Rekord liegt tatsächlich bei 15 Kindern in einer Familie. Solche Zahlen sind natürlich super, um zu beweisen, wie gut die Technik des Geschichtenerzählens funktioniert, denn wir üben dann, uns die Namen dieser Kinder sowie der Eltern einzuprägen und die Geburtstage noch obendrein. Was stets mit einer gehörigen Gaudi verbunden ist, weil die Seminarteilnehmer manchmal diese Geburtstage selbst nicht wissen. Jedenfalls: eine beliebte, amüsante Übung, die sehr beeindruckend ist, weil sie zeigt, wie elegant, schnell und mühelos besagte Technik funktioniert. Lassen Sie sich überraschen!

Nehmen wir eine (fiktive) Schweizer Familie, bestehend aus Vater Karl, Mutter Susanne und den fünf Kindern Rosanna, Martin, Cecile, Hans und Kurt; wohnhaft in der Seestraße 15 in 6000 Chur. Ich werde Ihnen eine Geschichte erzählen, die Sie bitte zweimal durchlesen. Danach nehmen Sie sich ein Blatt Papier zur Hand und schreiben darauf alle Namen, an die Sie sich erinnern können.

Sie sehen vor sich einen großen Mann, ↘ Karl den Großen (*Karl*), um genau zu sein. Er hat vor sich einen Teller mit dampfender ↘ **Su**ppe, die mit ↘ **Sahne** verfeinert wurde (Su + Sahne = *Susanne*) und in der eine ↘ **Ros**e (*Rosanna*) schwimmt. Rose in der Suppe? Wir nehmen sie heraus und stellen fest: sie ist ja ↘ blau (blau = Meer, **Mar**e ➩ *Martin*), na so was! Diese blaue Rose setzen wir auf einen ↘ **Sessel** (*Cecile*), der aus ↘ Gold ist (Gold Hans im Glück ➩ *Hans*), und wir binden sie mit einem ↘ **Kurt** am Sessel fest. Halt!, werden Sie sagen, das heißt doch „Gurt"! Und schon haben Sie die Verbindung geschaffen: Gurt bedeutet *Kurt*. Die ganze Geschichte spielt an der ↘ **Straße** am **See** (*Seestraße*), an der dauernd ↘ **Ritter** vorbeilaufen (➩ *15* aus der Baumliste). Diese Ritter gehen zu einer ↘ Bade**kur** (*Chur*), was natürlich ihren Rüstungen gefährlich werden könnte; dennoch vergnügen sie sich beim ↘ **Würfel**spiel (➩ *6* aus der Baumliste), würfeln aber immer nur ↘ Null, Null, Null (➩ Postleitzahl: *6000*).

Nun würde ich fast jede Wette eingehen, dass Sie den Großteil der Namen richtig wiedergeben konnten. Na, stimmt das? Sehen Sie! Lassen Sie uns daher versuchen, auch noch die zugehörigen Geburtstage zu lernen, wobei uns Tag und Monat genügen soll:

Karl:	3. August
Susanne:	15. Dezember
Rosanna:	2. Juni
Martin:	1. November
Cecile:	14. März
Hans:	10. September
Kurt:	13. Juli

(Vielleicht ist Ihnen aufgefallen, dass sich alle Zahlen mit der Baumliste belegen lassen; das habe ich natürlich bewusst so arrangiert.)

Beginnen wir mit *Karl dem Großen*. Wir lassen ihn auf einem ➘ Hocker (3) sitzen, mit einer ➘ Achterbahn (8) vor sich auf dem Schoß. Karl der Große könnte aber auch neben einem ➘ Hocker (3) stehen, auf dem ein königlicher ➘ Löwe sitzt; der Löwe ist ja das Sternzeichen des Monats August. Die zweite Variante bietet den Vorteil, dass wir nicht versehentlich aus dem 3. 8. einen 8. 3. machen.

Zur Susanne (Sie erinnern sich: *Suppe mit Sahne*) gehört der 15. Dezember. Also sagen Sie: In der Suppe kämpft ein ➘ Ritter (15) mit einem ➘ Geist (12). Da es keinen 15. Monat gibt, ist durch die beiden Zahlen – über „Ritter" und „Geist" – das Datum eindeutig definiert.

Rosannas (*Rose*) Geburtstag ist der 2. Juni. Stellen Sie sich vor, die Rose hätte nur ➘ zwei Blätter, die ➘ würfelförmig geformt sind. Schon haben Sie die beiden Zahlen, die Sie brauchen. Es ist nicht nötig, in das Bild auf höchst künstliche Weise einen Lichtschalter hineinzukonstruieren; Ihr Gehirn ist flexibel genug, um sich in diesem Fall auch die Zahl 2 selbst zu merken.

Martin hatten wir über die Farbe *Blau* in unserem Bild untergebracht. Diese gilt es nun, mit einem Baum (1) und mit Fußball (11) in Verbindung zu bringen. Spontan fällt mir dazu ein: Der Torwart ist so blau, dass er einen ➘ Baum für den ➘ Torpfosten hält. Blau – Baum – Fußball: Martin hat am 1. November (11.) Geburtstag.

Ceciles (*Sessel*) Geburtstag ist der 14. März. Was halten Sie davon? Auf der Rückenlehne des Sessels klebt ein ➘Herz und daraus rinnen ➘drei Tropfen Blut. Ein drastisches Bild, das Sie sich bestimmt gut merken können. Und im Nu ist klar: Cecile/14/3.

Nun ist Hans (*Gold*) an der Reihe. Für ihn lege ich ein Goldstück in die ➘Bibel (10), um damit die Geschichte über eine ➘Jungfrau (9 = September) zu markieren. Wir haben über das Goldstück, die Bibel und die Jungfrau die notwendigen Daten „Hans – 10 – September" zusammengefügt.

Schließlich bleibt noch Kurt/Gurt, der in einem ➘Fahrstuhl (13) steht/hängt und sich wundert, weil ➘Schneewittchen (7) als Fahrstuhlführerin dort die Knöpfe drückt.

Wenn ich Sie jetzt frage, wann Rosanna Geburtstag hat, taucht vermutlich in Ihrem Kopf die Rose mit den zwei würfelförmigen Blättern auf (ohne dass Sie vorne noch mal nachsehen müssten), und Sie können mir antworten: „Am 2. Juni." Frage ich Sie nach Susanne, hören Sie Waffergeklirre, weil ja in der Suppe Ritter und Geist miteinander kämpfen – der zugehörige Geburtstag ist der 15. Dezember. Sollte ich mich irren und Sie könnten diese Bilder nicht abrufen, dann ärgern Sie sich bitte nicht. Stellen Sie sich lieber das Bild noch einmal vor, ein wenig plastischer diesmal vielleicht, und wahrscheinlich haben Sie dann kein Problem mehr mit den Geburtstagen.

Denken Sie nun an den Vater Karl. Sehen Sie ihn auf seinem Hocker sitzen, mit der Achterbahn vor sich? Und was fällt Ihnen ein, wenn es um Martin geht? Das war doch der Typ mit der Farbe Blau … wer war denn noch blau? Überlegen Sie!

Bestimmt kommt Ihnen der angetrunkene Torwart in den Sinn, der den Baum nicht vom Torpfosten unterscheiden kann. Genau: Martins Geburtstag war der 1. November. Kurt wäre der Nächste. Ach ja, der hängt doch im Lift und wundert sich über Schneewittchen als Fahrstuhlführerin: 13. Juli. Bleiben noch Hans, das Goldstück in der Bibel bei der Katzen-mit-Jungfrau-Geschichte (10. September) und Cecile, der Sessel mit blutendem Herzen auf der Rückenlehne (14. März).

Zusammenfassung

Sie haben gesehen, wie man eine Geschichte mit Hilfe der Baumliste ausweiten und sich so auch Zahlen (z. B. Geburtstage) merken kann. Wir werden später auf dieses Thema noch genauer eingehen. Für den Augenblick würde ich jedoch vorschlagen: Nehmen Sie ein Blatt Papier zur Hand und versuchen Sie, alle beteiligten Personen – möglichst in der richtigen Reihenfolge – niederzuschreiben. Gelingt es Ihnen auch, die komplette Anschrift und die Geburtstage wiederzugeben? Probieren Sie es. Sind Sie mit Ihrem Ergebnis nicht zufrieden, lesen Sie den Text noch einmal durch und starten einen zweiten Anlauf. Bleiben Sie so lange am Ball, bis Sie sämtliche Daten abrufen können und dabei das Gefühl haben: Eigentlich ist es ja ganz einfach! Erst dann lesen Sie unten weiter. Gutes Gelingen!

Als Ergebnis dieses Abschnitts können wir also festhalten: Sobald wir eine Geschichte haben – wir sehen etwa den Sessel und Goldklumpen und Gürtel und irgendwelche Rosen –, macht es keine Schwierigkeiten mehr, in die bereits vorhandene Geschichte zusätzliche Informationen einzuflechten.

Verknüpfungen lassen sich ganz leicht und schnell herstellen und nachvollziehen. Dass dies grundsätzlich möglich ist, soll uns ein zweites Beispiel zeigen: Wir werden unsere bereits gelernte Liste der Komponisten um einige berühmte Operntitel erweitern.

Opernkomponisten und ihre Werke

Beginnen wir mit Richard Strauß. Ihm hatten wir den Blumenstrauß zugeordnet (in Mozarts linker Hand). Sehen wir uns doch diesen Blumenstrauß etwas näher an. Es handelt sich um Rosen, wie wir feststellen, Rosen mit Blättern aus Salami und einer Glühbirne im Innern der Knospe, die das Gebinde nachts beleuchtet. Können Sie sich das vorstellen? Gut. Aber was hat es zu bedeuten? Nun, die **Rosen** stehen für den *Rosenkavalier*; die geschnitzte **Salami** für *Salome* und die Glühbirne für *Elektra*. Ähnlich verfahren wir mit einigen weiteren Komponisten:

Humperdinck	Der Humpen in Mozarts rechter Hand ist aus ↘ Lebkuchen	➾ *Hänsel und Gretel*
Beethoven	Jemand betet im Hof und ist dabei munter und ↘ **fidel**, vielleicht spielt er was auf der **Fidel**	➾ *Fidelio*
Weber	Der gewebte Pulli trägt ein ↘ **Schütz**enabzeichen, das in der ↘ **Frei**zeit geschossen wurde	➾ *Der Freischütz*
Bizet	Auf dem Bizeps steht ein ↘ Spielzeugauto; Auto heißt auf Englisch „**car**“	➾ *Carmen*

Kurzer Zwischenstopp. Darf ich Sie fragen, ob Sie mir eine Oper von Beethoven nennen können? Die Wahrscheinlichkeit, dass Sie vor Ihrem geistigen Auge einen im Hof betenden Typen sehen, der fröhlich auf seiner Fidel geigt, ist relativ hoch; von dort aus ist es nur noch ein Katzensprung zum „Fidelio". Bei Humperdinck kommt Ihnen sicherlich der Humpen aus Lebkuchen in den Sinn und über das Hexenhaus landen Sie zielsicher bei „Hänsel und Gretel". Blumenstrauß … das war doch diese groteske Angelegenheit aus Rosen, Salamiblättern und einer Glühbirne in der Mitte: „Der Rosenkavalier", „Salome", „Elektra". Für Weber gibt es das in der Freizeit erworbene Schützenabzeichen am gewebten Pullover und damit den „Freischütz". Bei Bizet schließlich führt das Spielzeugauto (car) auf dem Bizeps zu „Carmen".

Und nun weiter im Text. Für Puccini denken wir uns eine eigene Geschichte aus, um uns insgesamt vier Operntitel zu merken. Die Geschichte lautet etwa wie folgt:

Den Punsch in unserem Humpen trinken wir nicht zu Hause, sondern wir gehen dazu nach Florenz, der Hauptstadt der Toskana. Während wir einen großen Schluck nehmen, sehen wir einen Schmetterling an uns vorbeitaumeln. Vor unseren Füßen liegt eine große Schlange, eine Boa. Sie möchte gern den Schmetterling fressen, hat aber Hemmungen, weil er so wunderschön ist. Also kriecht sie davon, windet sich einen Turm hoch. Dieser Turm hat eine außerordentliche Glocke, bestehend aus einer Ananas mit einem Dotter als Klöppel.

Haben Sie die Auflösung bereits gefunden? Hier ist sie:

Puccini	↘ **Toska**na	➩ *Tosca*
	↘ Schmetterling: das englische Wort für „Schmetterling" lautet „butterfly"	➩ *Madame Butterfly*

↘ **Bo**a, ↘ **Hem**mungen ➾ *La Bohème*
↘ **Tur**m, ↘ **An**anas, ↘ **Dot**ter ➾ *Turandot*

Wollen wir einen abschließenden Test machen?

- Ich sage: Beethoven! Sie antworten:
  … Fidelio.
  Richtig! Es war der fidele Beter mit seiner Geige.
- Ich sage: Bizet! Sie antworten:
  … Carmen.
  Prima! Das war doch das englische Auto auf dem Bizeps.

Überprüfen Sie nun bitte anhand der unten stehenden Tabelle (Tab. 7), ob Sie in der Lage sind, die hier vorgestellten Opern wiederzugeben, indem Sie die rechte Seite abdecken.

Übrigens finden Sie eine umfangreichere Liste von insgesamt 40 Opern dieser Komponisten in der kleinen Kassettenreihe „Übungen zu Mega Memory“ (siehe Anhang unter A2). Wir werden an späterer Stelle noch einmal auf diese Kassettenreihe zu sprechen kommen.

Tabelle 7: Opernkomponisten und einige ihrer Werke

Richard Strauß	• Der Rosenkavalier
	• Salome
	• Elektra
Humperdinck	• Hänsel und Gretel
Beethoven	• Fidelio
Weber	• Der Freischütz
Bizet	• Carmen
Pucchini	• Tosca
	• Madame Butterfly
	• La Bohème
	• Turandot

Zwischenbilanz

Was wir bereits geschafft haben …

Sie haben bisher zwei Möglichkeiten kennen gelernt, wie man sich Informationen einprägen kann:

1. die Verwendung von Listen, um darauf Informationen abzulegen (Baumliste, Körperliste), und
2. den Einbau der Informationen in eine Geschichte.

Sie können natürlich von beiden Techniken Gebrauch machen oder nur diejenige verwenden, die Ihnen angenehmer ist. Dabei sollten Sie aber wissen, dass je nach den Lernanforderungen die eine oder die andere Technik besser geeignet sein kann. Es gibt nämlich drei bedeutsame Unterschiede:

1. Eine Geschichte lässt sich in der Regel leichter merken. Somit können in kürzerer Zeit größere Datenmengen abgespeichert werden.
2. Die Zuordnung von Informationen zu bestimmten Zahlen funktioniert besser, wenn man mit Listen arbeitet.
3. Wenn Sie bei der Geschichte den Faden verlieren, gehen Ihnen mit einiger Wahrscheinlichkeit alle noch folgenden Daten verloren. Beispiel: Sie erinnern sich nicht an die Boa in Verona; dann fällt Ihnen vermutlich auch der Turm mit der Ananas-Dotter-Glocke nicht mehr ein. Hingegen können Sie sich in der Liste durchaus eine Lücke leisten, ohne die übrigen Informationen zu gefährden. Beispiel: Planeten. Ihnen fällt nicht mehr ein, dass Sie in Ihrer Schulter Gelenke aus Uran besitzen. An den Nebel an Ih-

rem Hals (Neptun) hingegen können Sie sich wieder erinnern.

Aus meiner Warte würde ich daher sagen:

- Die Technik des Geschichtenerzählens eignet sich für Daten, die Ihnen nicht allzu fremd sind. Wenn es beispielsweise darum geht, sich Namen – etwa von Komponisten oder Ländern eines Kontinents –, die Sie bereits kennen, in einer bestimmten Reihenfolge einzuprägen, ohne einen zu vergessen. Ferner ist diese Technik gut geeignet, wenn es um Informationen geht, an die keine umfangreichen weiteren Informationen „drangehängt“ werden sollen.
- Geht es Ihnen dagegen darum, beispielsweise den 6. Präsidenten der USA zu benennen, dann sollten Sie besser von einer Liste Gebrauch machen, weil hier die Verknüpfung zwischen Zahl und Information unmittelbar gegeben ist.

Diese beiden Techniken sind die wichtigsten im Bereich der Mnemo-Technik, aber nicht die einzigen. Da wäre noch die Methode des Initialisierens zu nennen. Diese Technik beruht darauf, dass häufig der Anfangsbuchstabe eines Begriffs genügt, um diesen aus dem Gedächtnis aufzurufen. Man nimmt also die Anfangsbuchstaben her und konstruiert einen Satz, dessen Worte mit den entsprechenden Buchstaben in entsprechender Reihenfolge beginnen. Am Beispiel wird es deutlicher. Greifen wir noch einmal auf die Planeten zurück. Vielleicht kennen Sie den Merksatz: „**M**ein **V**ater **e**rklärt **m**ir **j**eden **S**onntag **u**nsere **n**eun **P**laneten.“ Die Anfangsbuchstaben lauten: M-V-E-M-J-S-U-N-P. Dazu gehören: Merkur, Venus, Erde, Mars, Jupiter, Saturn, Uranus, Neptun, Pluto. Ebenfalls ein möglicher Weg des Lernens. Ich arbeite nicht so sehr viel damit, weil die Möglichkeiten hier doch relativ beschränkt sind. Aber wo er funktioniert, da funktioniert er. Greifen Sie ruhig bei Gelegenheit auf diese Technik zurück, wenn sie Ihnen gelegen kommt.

Grundsätzlich gilt: Es gibt keinen Weg, der der einzig richtige wäre. Es gibt lediglich Wege, die funktionieren, und solche, die nicht funktionieren. Wenn Sie Spaß daran haben, dann sollten Sie ruhig verschiedene Wege ausprobieren. Lassen Sie sich dann auch nicht beirren, selbst wenn ein anderer eine völlig andere Technik wählt. Beim Lernen können Sie so vorgehen, wie Sie das möchten, es ist eine sehr persönliche Angelegenheit.

Wir haben aber nicht nur gelernt, uns eine Reihe von Daten einzuprägen (nämlich über die erwähnten Listen oder das Geschichtenerzählen), sondern haben auch gelernt, uns abstrakte Begriffe einzuprägen. Wir haben sie uns zugänglich gemacht, indem wir sie

- entweder in konkrete Bilder oder Symbole verwandelt haben (Beispiele: Ägypten = Pyramide; Hans = Goldklumpen) oder
- uns über den Sprachklang (Phonetik) Krücken konstruiert haben (Beispiele: **Su**ppe + **Sa**hne = Susanne).

Den phonetischen Weg wählt übrigens ein Kind, wenn es ein neues Wort hört, mit dem es nichts Konkretes in Verbindung bringen kann. Es wird nachforschen, welches bekannte Wort ähnlich klingt, und dann alte und neue Elemente in irgendeiner Weise miteinander verknüpfen.

Bei schwierigeren oder längeren abstrakten Begriffen bietet es sich an, die beiden Möglichkeiten gleichzeitig einzusetzen und womöglich mit der Technik des Geschichtenerzählens zu kombinieren: Sie erinnern sich an die Großmutter, die nach Rom fliegt … Gromkagawaritel (der russische Lautsprecher). Oder an die Burg in China, in der die Leute sonntags fasten … Burkina Faso (das Land in Afrika). Dass Sie sich auf diese Weise auch die schwierigsten Wörter ohne große Mühe sicher merken können, haben Sie vorne bereits festgestellt. Dass es obendrein auch noch Spaß macht, weil die Geschichten witzig und pfiffig werden können, das wissen Sie auch. Trotzdem möchte ich nochmals betonen: Diese Art des Lernens ist ungeheuer effektiver. Und ich möchte Ihnen ans Herz legen, oft und viel zu üben, damit Sie Routine entwickeln und eventuelle Hemmungen ablegen. Lassen Sie nicht zu, dass Ihre Skepsis die Oberhand gewinnt und Sie davon abhält, auf neue Weise vorzugehen. Es stimmt nicht, dass Sie sich ein schwieriges Wort leichter über das Schriftbild merken können. Und es stimmt auch nicht, dass es kompliziert ist, sich solche Geschichten auszudenken. Es ist einfach und es „macht voll Bock“, wie die junge Generation sagt. Sie werden es selbst feststellen, wenn Sie jeden Tag 20 bis 30 Begriffe hernehmen (etwa aus einem Zeitungsartikel) und bearbeiten. Wählen Sie diese Begriffe so aus, dass Sie Spaß damit haben – vielleicht indem Sie solche Worte bewusst und mit diebischer Freude in eine Konversation mit Kollegen einstreuen …

Übrigens: Weitere Tipps zum Thema autodidaktisches Üben folgen am Ende des Buches.

... was wir noch schaffen wollen ...

Zwei Bereiche gilt es noch abzudecken: Zahlen und Namen. Wir sind bislang noch nicht in der Lage, uns Zahlen zu merken, die mehr als vier oder fünf Stellen lang sind. Bis zu 30-stellige Zahlen sollten möglich sein. Glauben Sie nicht? Sie werden sehen! Dafür benötigen Sie zuallererst eine Liste, die Ihnen insgesamt 100 „Haken" bietet. Diese Liste müssen Sie sich mit einiger Disziplin selbst erarbeiten, es sei denn, Sie ziehen doch die Möglichkeit vor, die Kassettenreihe *Mega Memory* (Lektionen 5 und 10) zu Hilfe zu nehmen.

Ferner sollen Sie lernen, sich Namen einzuprägen und die Verbindung zum zugehörigen Gesicht herzustellen. Wir werden dies anhand von 15 Porträtaufnahmen mit Vor- und Nachnamen üben. Diese 15 Beispiele allein reichen natürlich nicht. Voraussetzung für den Erfolg ist, dass Sie die neuen Techniken wirklich gründlich üben. Dies können Sie tun, indem Sie sich selbst Übungsmaterial ausdenken. Ist Ihnen dieser Weg zu beschwerlich, können Sie gern auch auf die bereits erwähnte Kassettenreihe *Übungen zu Mega Memory* zurückgreifen. Darin habe ich Übungen etwa der folgenden Art zusammengestellt:

- alle Staaten Afrikas
- lateinische Fachbegriffe aus der Anatomie
- Kopfrechnen mit Kindern
- die sieben Weltwunder
- eine Auswahl von Namen etc.

Mit diesem Übungsset sind Sie zwei, drei Wochen lang wirklich beschäftigt und lernen etwas, das Ihnen vermutlich sogar Spaß machen wird. (Näheres dazu im Anhang)

... und wie wir es schaffen können

An dieser Stelle wollen wir einen kleinen Exkurs in die Theorie unternehmen. Verschiedene Dinge gilt es zu beherzigen, wenn wir mit unserem Lernen – unabhängig von der gewählten Technik – erfolgreich sein wollen. Wir haben bereits davon gesprochen, dass Wiederholungen unerlässlich sind. Lassen Sie mich an dieser Stelle nochmals zusammenfassen bzw. ergänzen:

- **Gehen Sie davon aus, dass Sie Ihr Pensum dreimal lernen müssen, damit es sitzt.**
  Setzen Sie sich nicht unter Druck, indem Sie von sich erwarten, bereits beim ersten Mal alles perfekt zu beherrschen. Sie nehmen sich selbst die Energie. Es ist viel besser, die Erwartungen realistisch zu schrauben und sich am Erfolg zu freuen: 50 Prozent in der ersten Runde, 75 Prozent in der zweiten etc. Das motiviert und entspannt.
- **Nehmen Sie eine Lernkartei zu Hilfe,**
  wenn Sie eine Information dauerhaft abspeichern, d. h. ins Langzeitgedächtnis transferieren wollen.
- **Achten Sie auf Ihre Ernährung.**
  Zucker und Weißmehl setzen Ihren Körper ähnlich unter Stress wie eine allergische Reaktion. Stress aber bedeutet: Sie sind auf den Modus „Flucht oder Angriff" eingestellt, der dem Lernen nicht förderlich ist. Stellen Sie sich vor, Sie sind im Zoo und plötzlich bricht der Löwe aus. Glauben Sie, Sie könnten in dem Moment französische Vokabeln lernen? Gewiss nicht. Sie würden weglaufen und sich in Sicherheit bringen wollen. Ganz ähnlich geht es Ihrem Körper nach dem Genuss von Zucker.

- **Wählen Sie einen passenden Rahmen.**
  Sie sollten so lernen, wie Sie sich wohl fühlen. Das betrifft zunächst einmal den Zeitpunkt. Viele Menschen können in aller Frühe am besten lernen. Und Sie? Haben Sie schon einmal ausprobiert, wie es ist, morgens um vier Uhr aufzustehen und drei Stunden zu lernen? Machen Sie die Probe aufs Exempel! Wie fühlen Sie sich um sieben Uhr, wenn Sie das Resümee ziehen können: Schon drei Stunden gelernt? Für mich ist es eine traumhafte Erfahrung. Meist lege ich mich dann noch eine Stunde aufs Bett und reflektiere über das Gelernte. Mir vermittelt so etwas das Gefühl, drei Stunden geschenkt bekommen zu haben – drei Stunden, die ich nie hatte, weil ich immer geschlafen habe. Sind Sie aber jemand, der abends besser lernen kann, dann tun Sie es am Abend. Auch müssen Sie nicht unbedingt am Schreibtisch sitzen. Wenn Sie das Gefühl haben, Sie möchten lieber liegen, dann legen Sie sich hin; ist Ihnen nach Herumgehen, dann gehen Sie herum. Wichtig ist, dass Sie sich dabei wohl fühlen.
- **Lernen Sie nicht einfach drauflos – Logik ist angesagt.**
  Bevor Sie anfangen zu lernen, müssen Sie sich klar werden, was genau Sie lernen wollen und in welcher Reihenfolge. Das heißt, Sie müssen die Logik hinter der Thematik erkennen. Erst dann können Sie – z. B. mit Hilfe einer Liste – erfolgreich lernen. Denn auch die Liste hat ihre Logik.

Sie müssen wissen, was Sie wollen

Wenn Sie nicht wissen, was Sie innerhalb welcher Zeitspanne erreichen wollen, können Sie auch nie von sich sagen, das Ziel erreicht zu haben. Deshalb müssen Sie Ihre Zielsetzungen klar definieren und am besten schriftlich festhalten. Beachten Sie dabei Folgendes:

- Setzen Sie die Ziele nicht zu hoch. Lassen Sie sich den Freiraum, Ihre Ziele zu übertreffen. Ein Beispiel: Wenn Sie eine Party besuchen, dann nehmen Sie sich vor, sich die Namen von zehn Personen zu merken. Vielleicht schaffen Sie ja sogar 15 und freuen sich wie ein Schneekönig und sind bereit, beim nächsten Mal 15 neue Namen anzuvisieren.
- Beobachten Sie sich selbst: Wie lange brauchen Sie, bis Sie 50 Vokabeln gelernt haben? Schreiben Sie es auf. Wenn Sie dann beispielsweise über zwei Stunden Zeit verfügen, können Sie sich vornehmen: Jetzt lerne ich so und so viele Französisch-Vokabeln. Nachdem dies geklappt hat, können Sie auch einschätzen, wie lange Sie brauchen, um eine größere Zahl von Vokabeln zu lernen. Das erleichtert Ihre Zeitplanung.
- Verwenden Sie mal ein Ziel als Motivator. Nehmen Sie sich etwa vor, sich eine 50-stellige Zahl einzuprägen. Sie tun es. Sie stellen fest, dass es eigentlich ganz einfach geht. Und schon ist der Weg bereitet, sich in Zukunft einfache Telefonnummern zu merken.

Weiterführende Lektüre

Zum Abschluss dieses mehr theoretischen Teils lassen Sie mich noch einmal hinweisen auf die Bücher *Stroh im Kopf?* und *Stichwort Schule: Trotz Schule lernen* von Vera F. Birkenbihl. Es handelt sich dabei um eine höchst amüsante Sammlung geistreicher Tricks und Tipps, wie man das Lernen effektiver gestalten kann.

Ebenfalls empfehlenswert: *Exploratives Lernen* von Dr. Verena Steiner – ein wissenschaftlich begründetes Buch, in das Sie sich vertiefen sollten.

Schließlich möchte ich nochmals auf das bereits vorn vorgestellte Video von Uschi Eichinger hinweisen, in dem es darum geht, Stress beim Lernen mit Hilfe der Kinesiologie abzubauen (bei Interesse einfach anrufen).

Die 100er-Liste

Der Aufbau der Liste

Sie kennen und beherrschen inzwischen die Baumliste und die Körperliste. Und Sie wissen, dass diese beiden Listen nicht ausreichen, um 100 Plätze zu liefern. Sie benötigen eine 100er-Liste, die vernünftig sein soll – und vor allem lernbar. Betrachten Sie bitte unten stehendes Schema:

1–20	**Baumliste**
21–30 31–40 41–50 51–60 61–70 71–80 81–90	**Wohnungsliste** sieben Räume je Raum zehn Gegenstände insgesamt also 70 Gegenstände (Nr. 21 bis 90)
91–100	**Körperliste**

Damit hat sich Ihnen die gesamte 100er-Liste bereits präsentiert. Wie Sie sehen, werden die Zahlen 1 bis 20 durch die Baumliste, die Zahlen 91 bis 100 durch die Körperliste abgedeckt. Das dazwischen liegende Feld werden Sie sich jetzt mit Hilfe der Wohnungsliste erobern.

Ich habe im Lauf der Zeit verschiedene Versuche mit unterschiedlichen Varianten angestellt, um diesen mittleren Bereich von 21 bis 70 abzudecken. Als eleganteste erwies sich schließlich die Wohnungsliste. Diese ist übrigens keine Erfindung von mir, sondern geht zurück auf die alten Römer.

Man weiß, dass Cicero und Cäsar bereits diese Technik anwandten, Michelangelo desgleichen. Die Herren stellten sich etwa in einen Tempel (daher der lange Zeit vorherrschende Name „Tempeltechnik“) bzw. in eine Kirche und prägten sich die Reihenfolge der Dinge ein, die dort herumstanden. Es geht also darum, vertraute Räume mit Zahlen zu versehen. Viele Bücher beschreiben diese Technik, doch immer fehlt eine Angabe darüber, wie man diese Räume in die 100er-Liste integriert und wie man das Ganze einüben kann.

Beispiel für die Belegung eines Raums

Beginnen wir mit einem Beispiel. Ich nehme den Raum, den ich hier vor mir habe, nämlich mein Hotelzimmer. Sie nehmen später den Raum, den Sie vor sich haben. Wir suchen uns in dem Raum zehn Fixpunkte, indem wir folgendermaßen vorgehen: Wir verankern den Blick an einem beliebigen Punkt im Raum und lassen ihn dann nach rechts oder nach links wandern bis zum ersten Gegenstand, der uns ins Auge springt. Die meisten Menschen beginnen unwillkürlich bei der Tür, weil man durch die Tür ein Zimmer betritt. Einigen wir uns also auf die Tür. Was die Blickrichtung angeht – ob nach rechts oder nach links –, so möchte ich vorschlagen, dass wir im Uhrzeigersinn vorgehen, also den Blick nach rechts wandern lassen. Gehen Sie so mit allen Räumen vor, die Sie sich für Ihre Wohnungsliste erarbeiten werden. Ich werde Ihnen nun meinen Raum vorstellen. Rechts von der Tür befindet sich ein Waschbecken. Das mache ich zu meinem ersten Punkt. Die Zahnbürste darauf ist Punkt zwei. Lasse ich den Blick weiter wandern, kommt er auf dem Ofen zu ruhen: Punkt drei. Der Vorhang wird Punkt vier, das Fernsehgerät Punkt fünf. Wenn ich jetzt die Augen schließe, kann ich alles vor mir sehen: Waschbecken (1), Zahnbürste (2), Ofen

(3), Vorhang (4), Fernsehgerät (5). Bitte tun Sie das jetzt auch. Schließen Sie die Augen und versuchen Sie, sich mein Hotelzimmer vorzustellen. Können Sie die fünf Fixpunkte sehen, die wir ausgewählt haben? Also: schließen Sie jetzt die Augen und lesen Sie dann unten weiter.

Bis hierher ist es nicht schwierig, oder? Jeder Mensch scheint die Kapazität zu besitzen, sich solche Dinge zu merken, vor allem wenn es nicht mehr sind als fünf. Der fünfte Punkt, Sie erinnern sich, war das Fernsehgerät. Das berühren wir jetzt mit den Fingern. Damit haben wir in unserem Gedächtnis verankert, dass dies der fünfte Punkt im Raum ist (Hand = 5, Baumliste). Gehen wir nun weiter. Rechts vom Fernsehgerät hängt ein Spiegel, den ich zu meiner Nummer sechs mache. Den Vorhang, der sich anschließt, den übergehe ich, sonst komme ich mit Punkt vier meiner Raumliste durcheinander. Stattdessen wähle ich den Griff der Balkontüre. Zusammen mit der Vorstellung, draußen auf dem Balkon stehen die sieben Zwerge (als Gartenzwerge vielleicht), merke ich mir den Balkontürgriff als Nummer sieben der Raumliste. Zur Wiederholung: Fünf war das Fernsehgerät (☞ berühren mit der Hand), sieben der Balkontürgriff (☞ die sieben Gartenzwerge). Für die letzten drei Fixpunkte wähle ich das Telefon (acht), das Bett (neun) und einen Berg (zehn – über meinem Bett hängt nämlich ein stimmungsvolles Gemälde einer Gebirgslandschaft). Noch einmal: Spiegel (6), Balkontürgriff (7), Telefon (8), Bett (9), Berg (10). Bitte, merken Sie sich nicht dieses fremde Zimmer. Das hat für Sie wenig Sinn. Was Ihnen diese Übung aber vermitteln soll, ist Folgendes: Wenn es Ihnen so ohne weiteres gelingt, sich sogar mit Hilfe eines völlig fremden Raumes zehn Punkte zu merken, wie viel leichter sollte es erst fallen, wenn Sie zu demselben Zweck die Zimmer heranziehen, die Ihnen bekannt und vertraut sind!

Die Räume Ihrer Wohnungsliste

Sie werden nun die sieben Zehnergruppen, die in der 100er-Liste noch fehlen, mit sieben Zimmern füllen. Vielleicht reichen die Räume bei Ihnen zu Hause: Wohnzimmer, Esszimmer, Schlafzimmer, Kinderzimmer, Badezimmer, Küche, Flur. Ansonsten nehmen Sie Teile Ihres Elternhauses dazu oder den Raum, in dem Sie täglich arbeiten. Legen Sie die Reihenfolge so fest, dass es Sinn macht. Gehen Sie also nicht zunächst in den Keller, sausen dann zum Dachboden hoch, gehen ins Badezimmer, dann in Ihr Büro und wieder zurück nach Hause ins Wohnzimmer. Sie verstehen, was ich meine. Machen Sie einen Spaziergang durch die Wohnung. Reihen Sie die Räume sinnvoll aneinander. Übrigens würde ich Ihnen empfehlen, auf jeden Fall Küche und Badezimmer mit einzuschließen. Üblicherweise gibt es in diesen Räumen jede Menge Dinge, die sich wunderbar als Fixpunkte eignen, weil sie eindeutig und einmalig sind. Wählen Sie jetzt sieben Zimmer aus, die in Ihrem Leben vorkommen. Lesen Sie dann unten weiter.

Na? Sieben Räume gefunden? Gut. Nehmen Sie sich ein Blatt Papier und schreiben Sie sie auf. Ist die Reihenfolge okay? Überprüfen Sie dies, indem Sie die Räume der Reihe nach im Geist noch einmal durchgehen. Sind Sie zufrieden mit Ihrem Entwurf, übertragen Sie ihn hier ins Buch (Abb. 4). Jedem Zimmer ist ein Kästchen zugewiesen, das Sie bitte links oben mit dem zugehörigen Namen beschriften. Wenn Sie das erledigt haben, dürfen Sie im Text weiterlesen.

21–30

31–40

41–50

51–60

61–70

71–80

81–90

Abb. 4: Wohnungsliste

Sie haben nun also sieben Zimmer definiert. (Sollten Sie allein nicht zurechtgekommen sein, können Sie umblättern und meine eigene Wohnungsliste betrachten (Tab. 8). Nehmen Sie

sie als Musterbeispiel, verwenden Sie aber für Ihre eigene Wohnungsliste unbedingt Ihre eigenen Zimmer!) Dem ersten Zimmer sind die Zahlen 21 bis 30 zugeordnet, dem zweiten 31 bis 40 usw. (Deshalb war es auch wichtig, eine vernünftige, sinnvolle Reihenfolge zu wählen.) Nehmen Sie sich nun das erste Zimmer vor – also die Zahlen 21 bis 30 – und versehen Sie es mit den zehn nötigen Fixpunkten. Stellen Sie sich vor, Sie gehen in den betreffenden Raum. Oder noch besser: Gehen Sie in diesen Raum, stellen Sie sich hin, sehen Sie sich um. Wählen Sie nun in der vorne beschriebenen Weise – Blick wandert im Uhrzeigersinn von der Tür ausgehend durch den Raum – zehn Gegenstände aus, die unverwechselbar sind. Die Begriffe „Tür“ und „Fenster“ könnten für jedes Zimmer stehen. Wollen Sie sich darauf beziehen, wählen Sie einmal „Tür“, einmal „Türklinke“, einmal „Schlüsselloch“, „Scharnier“ usw. Für „Fenster“ weichen Sie aus auf „Glas“, „Scheibe“, „Gardine“ usw. Auf diese Weise schaffen Sie Abwechslung im Gehirn, und Ihr Gehirn wird es Ihnen danken.

Tabelle 8: Wohnungsliste von Gregor Staub

21–30	Korridor
31–40	Küche
41–50	Wohnzimmer
51–60	Bad
61–70	Kinderzimmer
71–80	Vorplatz

Die Fixpunkte Ihrer Räume

Folgendes bitte ich Sie nun zu tun:

- Sie wählen für Ihr erstes Zimmer die zehn Fixpunkte aus.
- Sie schreiben diese Fixpunkte ein Blatt Papier.

- Sie schließen die Augen und überprüfen, ob Sie sich das betreffende Zimmer blind vorstellen können, ob Sie alle Fixpunkte in korrekter Reihenfolge wiedergeben können.
- Dann kehren Sie zum Buch zurück.

Sie können nun die Fixpunkte in Ihrem ersten Zimmer in der richtigen Reihenfolge aufsagen? Gut. Es war gar nicht so schwierig, richtig? Wenn doch, dann versuchen Sie es noch einmal, notfalls auch ein drittes und viertes Mal – so lange eben, bis Sie es können. Wirklich kompliziert wird die Sache nur dann, wenn Sie Fehler gemacht haben bei der Festlegung der Reihenfolge. Angenommen, Sie haben in der Küche nicht den Blick im Raum schweifen lassen (im Uhrzeigersinn, wie besprochen), sondern haben die Gegenstände willkürlich ausgewählt: Kaffeemaschine (das ist das wichtigste Gerät, sonst wird man morgens nicht wach!), Brotbackmaschine (die ist ganz neu und da bin ich stolz drauf), Kühlschrank, Spülbecken ... so kommen sie nicht zurecht. Legen Sie die Reihenfolge wirklich nach dem besprochenen Kriterium fest: Was sehen Sie nacheinander, wenn Ihr Blick im Uhrzeigersinn durch den Raum wandert? Haben Sie dies geschafft, konzentrieren Sie sich einen Augenblick auf Ihren Fixpunkt mit der Nummer fünf. Berühren Sie diesen gedanklich mit den Händen, so wie das vorhin meinem Fernsehgerät geschah. Beim siebten Fixpunkt stellen Sie sich die sieben Zwerge vor oder Schneewittchen. Damit haben Sie eine Orientierungshilfe, weil die 5 und die 7 klar sind. Wenn ich Ihnen nun etwa die Zahl 28 nenne, können Sie mit großer Wahrscheinlichkeit sehr schnell den zugehörigen Gegenstand abrufen – es ist derjenige, der auf Schneewittchen folgt. Üben können wir in diesem Fall nicht zusammen, denn ich kenne ja Ihre persönliche Raumliste nicht.

Jetzt ist es an der Zeit, die zehn Fixpunkte in den zugehörigen Raum hier im Buch zu übertragen. Entweder tun Sie dies schriftlich – oder aber Sie machen eine kleine Zeichnung. Damit Sie leichter verstehen, wie ich das meine, habe ich unten zwei Beispiele für Sie abgedruckt (Abb. 5):

Korrdidor

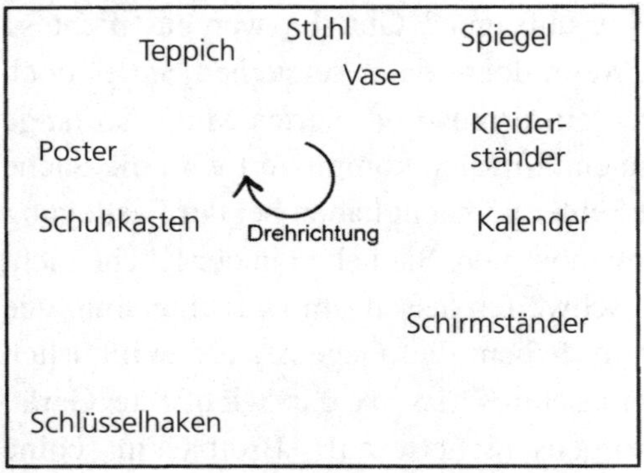

21 Teppich
22 Stuhl
23 Vase
24 Spiegel
25 Kleiderständer
26 Kalender
27 Schirmständer
28 Schlüsselhaken
29 Schuhkasten
30 Poster

Küche

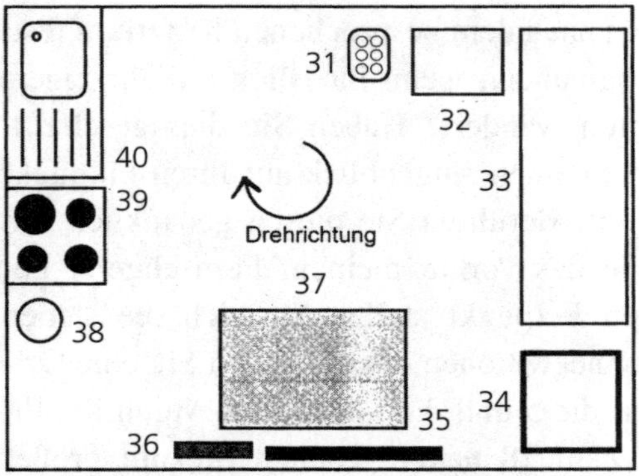

31 Flaschen
32 Mikrowelle
33 Küchenschrank
34 Kühlschrank
35 Pinnwand
36 Gewürzständer
37 Tisch
38 Abfalleimer
39 Kochherd
40 Spüle

Abb. 5: Beispiele einer Zimmer-Einteilung

Nun darf ich Sie bitten, Folgendes zu tun:

- Tragen Sie die zehn Fixpunkte in die Raumliste 21–30 ein (entweder schriftlich oder in Form einer Zeichnung, je nach Gusto).
- Verfahren Sie in analoger Weise mit dem zweiten Raum. Also: Hineingehen (entweder in der Vorstellung oder richtig physisch) – den Blick wandern lassen und dabei zehn signifikante Gegenstände auswählen – diese Gegenstände auf ein Blatt Papier schreiben – die Augen schließen und im Geist diese Fixpunkte rekapitulieren – wenn es geklappt hat, die Punkte fünf („Berühren" mit der Hand) und sieben (sieben Zwerge) markieren – und schließlich die Gegenstände in die Raumliste 31–40 eintragen.
- Dann verfahren Sie in analoger Weise mit den übrigen fünf Räumen.
- Wenn Sie damit fertig sind (in etwa einer halben Stunde), lesen Sie bitte unten weiter.

Der letzte Schliff für Ihre Wohnungsliste

Zwischenbilanz

Halten wir fest, was wir bis hierher geschafft haben:

1. Die 100er-Liste ist erstellt.
2. Sie haben hier im Buch jeweils zehn Gegenstände in jedem Raum vermerkt, Gegenstände, die eindeutig definiert sind und sich voneinander unterscheiden.
3. Dabei haben Sie die Reihenfolge so festgelegt, dass Ihr Blick im Uhrzeigersinn durch den Raum wandert und

nacheinander auf diese zehn Gegenstände fällt. (Vielleicht haben Sie die Reihenfolge anders festgelegt, und das aus gutem Grund – auch in Ordnung. Wichtig ist, dass es eine sinnvolle Reihenfolge ist, mit der Sie arbeiten können.)

Eine Nummer für jedes Zimmer

Damit haben Sie bereits viel erreicht, finden Sie nicht? In einem nächsten Schritt werden wir nun versuchen, uns zu merken, welche Zahlen zu welchem Zimmer gehören. Natürlich könnten wir auch jedes Mal abzählen: Korridor – 2, Küche – 3, Wohnzimmer – 4 etc. (ich habe meine Wohnungsliste als Beispiel genommen). Doch das ist auf Dauer lästig und nimmt Ihnen den Spaß an der Arbeit mit Ihrer Wohnungsliste. Deshalb ordnen wir den Zimmern die Zahlen mit Hilfe der Baumliste zu:

Nehmen wir das dritte Zimmer. Hier beginnen neun von den zehn Zahlen mit einer Vier: 41, 42, 43, ... 49, 50. Also ist die Vier der Schlüssel. Angenommen, es handelt sich um das Wohnzimmer, wäre die Verknüpfung beispielsweise: In meinem Wohnzimmer habe ich eine Sammlung von Spielzeugautos. Das Auto steht in der Baumliste für die Vier, also gehört zum Wohnzimmer die Vier und damit die Zahlen der 40er-Reihe.

Das fünfte Zimmer (Zahlen 61–70) wird zum „Würfelzimmer" (Baumliste 6 = Würfel). Sie verknüpfen nun den entsprechenden Raum mit einem Würfel, indem Sie sich einfach vorstellen, Sie hätten darin ein kleines Tischchen stehen, an dem Sie würfeln können. Ob das nun im Bad ist oder in der Küche oder auf dem Balkon, ist ja völlig unerheblich. Raum Nummer sechs wird mit einem Würfel in Verbindung gebracht.

Sie haben inzwischen längst begriffen, wie es geht. Was tun Sie also mit dem sechsten Raum (Zahlen 71–80)? Na klar, sie platzieren darin sieben Gartenzwerge, die stehen vielleicht um Ihr Bett herum, wenn es sich um das Schlafzimmer handelt. Sie wissen ja: Je plastischer, desto leichter kann sich unser Gehirn die Dinge merken.

An Ihnen liegt es nun, die 100er-Liste zu üben. Ich würde Ihnen vorschlagen, sie sieben oder acht Tage lang täglich einoder zweimal komplett durchzugehen. Auch danach sollten Sie sich noch rund fünf Minuten pro Tag damit beschäftigen. Dann wird sie Ihnen nach maximal drei Wochen in Fleisch und Blut übergegangen sein. Wenn Sie an dem Punkt angekommen sind, an dem Sie nicht mehr lange überlegen müssen, welcher Gegenstand zu einer beliebigen Zahl gehört, dann haben Sie es geschafft. Empfehlenswert ist auch, direkt in diese Lernphase bereits einige Übungen einzuflechten. Etwa indem Sie ab und an eine 10-stellige Zahl auswendig lernen. Oder indem Sie mit den Übungen beginnen, die im nächsten Kapitel folgen.

Warum diese Mühe?

Weil sie sich lohnt, ganz einfach. Die 100er-Liste (in Kombination mit der Technik des Geschichtenerzählens) befähigt Sie nämlich, schier Unglaubliches zu vollbringen. Sie stellt Ihnen 100 „Haken“ zur Verfügung, an denen Sie irgendwelche Informationen „aufhängen“ können. Sie kennen das Prinzip bereits von der Baum- und der Körperliste. Wir werden im weiteren Verlauf des Buches noch diesbezügliche Übungen durchführen, damit Sie lernen, wie Sie in Ihrer Wohnung Informationen ablegen können – und zwar so, dass sie sich bewusst abrufen lassen. Zunächst aber wollen wir die zweite

Funktion der 100er-Liste näher betrachten. Diese besteht darin, dass Sie in die Lage versetzt werden, jeder Zahl zwischen 1 und 99 ein ganz bestimmtes, eindeutiges und unverwechselbares Bild zuzuordnen. Die 48 muss nicht länger über „ein Auto in der Achterbahn" definiert werden oder die 57 über „die sieben Zwerge auf meiner Hand". Wären wir auf diese Bilder festgelegt, würden wir schnell an die Grenzen unserer Möglichkeiten stoßen, wenn es um das Auswendiglernen von Zahlen geht. Außerdem bekämen wir immer wieder ähnliche Geschichten zu hören – der Spaß am Lernen bliebe dabei schnell auf der Strecke. Wenn Sie jedoch mit zweistelligen Zahlen jonglieren können – 95 ist die Taille, 18 ist der Feierabendverkehr, 54 beispielsweise die Zahnbürste (bzw. ein anderer Gegenstand, je nach Ihrer persönlichen Wohnungsliste) –, können Sie selbst die längsten Zahlen auswendig lernen und immer noch Freude daran haben.

Mit Schülern einer dritten Klasse habe ich erlebt, dass sie innerhalb von drei bis vier Minuten eine 40-stellige Zahl lernen konnten. Ausnahmslos. Alle Kinder schafften es, diese langen Ziffernfolgen hinzuschreiben, und hatten ihren Spaß dabei. Und das Tolle dabei ist, dass man diese Zahlen auch einen Tag später immer noch abrufen kann. Hemmungen im Umgang mit Zahlen verlieren sich auf diese Weise vollständig; die vielen Erfolgserlebnisse sorgen dafür. Und so wünsche ich Ihnen nun viel Vergnügen beim Üben.

Anwendungsmöglichkeiten von Mega Memory – Theorie und Praxis

Wir spielen mit Zahlen

In meinen Seminaren frage ich regelmäßig ganz unschuldig in den Raum: „Wer hat Probleme, wenn er sich eine zehnstellige oder noch längere Zahl merken soll?“ Der Lacherfolg ist mir sicher, denn wer kann schon so etwas, einfach so! Wenn jemand ein gutes Zahlengedächtnis hat, dann schafft er vielleicht fünfstellige Zahlen, eventuell auch sechs- oder siebenstellige. Danach aber wird es schwierig für fast jeden.

Es gibt ganz verschiedene Methoden, sich Zahlen zu merken. Die offensichtlichsten sind das Schriftbild einerseits und das Tonbild andererseits. Viele Menschen schlagen den letzteren Weg ein. Sie merken sich eine Zahl über den Rhythmus. Nehmen wir eine Telefonnummer. Meine Telefonnummer: 8109110. Bei uns in der Schweiz ist es üblich, diese Nummern in Blöcke zu untergliedern: zuerst ein Dreierblock, danach zwei Zweierblöcke. Es klingt also: 810–91–10. Jemand, der sich diesen Rhythmus gemerkt hat, wird die Zahl kaum wiedererkennen, wenn ihm jemand sagt: 81–09–110. Auf diese Weise gesprochen, wird sie ihm völlig fremd erscheinen.

Manche Menschen merken sich Zahlen auch über das Schriftbild, wie bereits erwähnt. Eine weitere Technik besteht darin, dass man bereits eine stattliche Anzahl von Telefonnummern im Kopf hat und neu hinzukommende mit den bestehenden vergleicht. Im Prinzip läuft alles auf das Gleiche hinaus: Man hat irgendeine Vorstellung von Zahlen (die kann am Rhythmus, am Schriftbild oder an anderen Zahlen aufgehängt sein) – und dann wird die Angelegenheit einfacher.

Wir wollen uns nun an einer Methode versuchen, die wir ansatzweise schon kennen gelernt haben, als es darum ging, uns die Geburtstage der Familie aus Chur einzuprägen. Das heißt, wir binden die Zahl in eine Geschichte ein. Und Sie werden sehen: Damit ist es nicht mehr sehr schwierig, sich selbst längste Zahlen zu merken.

Eine Zahl mit 20 Stellen

Die folgende Zahl gebe ich Ihnen vor: 1207131505200614 1103. Wenn ich Sie nun bitte, diese Zahl anzusehen und sich zu merken, werden Sie wahrscheinlich einen Lachkrampf bekommen. Also bitte ich Sie stattdessen: Teilen Sie die Zahl in Ziffernpaare ein. Nehmen Sie ruhig einen Bleistift zur Hand und führen Sie diese Unterteilung ganz konkret durch: Sie trennen die 12 von der 07, die 13 von der 15, die 05 von der 20 usw. Alle zweistelligen Zahlen, die dabei herauskommen, sind in unserer Baumliste zu finden. (Das habe ich natürlich bewusst so gedeichselt, darum enthält die Zahl so viele Nullen und Einsen!) Wir werden nun aus den entsprechenden Bildern eine Geschichte erfinden:

Auf Ihrem Tisch erscheint ein ↘Geist (12), der sich vor Ihren Augen in einen kleinen ↘Zwerg (07) verwandelt. Der Zwerg rennt aus dem Zimmer in einen ↘Fahrstuhl (13), in dem bereits ein ↘Ritter (15) wartet. Der Ritter nimmt seine ↘Hand (05) und bedient ein ↘Fernsehgerät (stellvertretend für Tagesschau, 20), das da im Fahrstuhl herumsteht. Auf diesem Fernsehgerät liegt ein ↘Würfel (06) mit ↘Herzchen (14) darauf. Aber was kommt denn im Fernsehen? Die Tagesschau berichtet von einem ↘Fußballspiel (11) – unglaublich: Die Torwarte sitzen auf dreibeinigen ↘Hockern (03) herum!

(Sie sehen: Die einstelligen Zahlen 1 bis 9 habe ich zweistellig dargestellt, indem ich eine 0 davorgesetzt habe.)

Lesen Sie diese Geschichte bitte ein zweites Mal. Wir rekapitulieren: Ein Geist verwandelt sich in einen Zwerg, der rennt in einen Fahrstuhl mit einem Ritter, der mit der Hand die Tagesschau anmacht. Auf dem Fernsehgerät liegt ein Würfel mit Herzchen, im Fernsehen läuft ein Fußballspiel und die Torwarte sitzen auf Hockern. Alles klar? Nehmen Sie nun ein Blatt Papier und versuchen Sie, die 20-stellige Zahl aufzuschreiben. Schaffen Sie es noch nicht ganz, lesen Sie die Geschichte noch einmal und versuchen Sie es erneut. Wiederholen Sie die Prozedur so lange, bis die Zahl bombenfest sitzt. Dann dürfen Sie weiterlesen.

Weiteres zu Ihrer Übung

Nun, wie ist es Ihnen ergangen? Bestimmt haben Sie die Feststellung treffen können, dass es so viel leichter geht. Sie kommen gar nicht auf die Idee, eine falsche Zahl hinzuschreiben, etwa eine 19, weil in dieser Geschichte kein Abendessen vorkommt. Ich habe mich im obigen Beispiel auf die Zahlen der Baumliste beschränkt, weil ich Ihre persönliche 100er-Liste nicht kenne. Sie können mit Ihrer 100er-Liste natürlich jede beliebige Zahl in kürzester Zeit auswendig lernen. Versuchen wir es an dieser Stelle mit einer Kombination aus der Baum- und der Körperliste: Die Zahl lautet

911517. Wir zerlegen sie in 91 (Zehe), 15 (Ritter), 17 (Kartenspiel). Das geht leicht zu merken: Mit der Zehe treten wir den Ritter gegen das Schienbein, der daraufhin seine Spielkarten fallen lässt.

Sie gehen nun her, nehmen das Telefonbuch und suchen fünf Namen mit den zugehörigen Telefonnummern heraus. Diese Nummern lernen Sie bitte auf die beschriebene Weise auswendig. Sofern Sie sich bereits die 100er-Liste angeeignet haben, ist das kein Problem. Sie bilden Zahlenpaare und denken sich Geschichten aus. Etwas mühsamer wird die Geschichte, wenn Sie noch nicht so weit sind. Da fällt mir ein, wie sich meine damals sechsjährige Tochter unsere Telefonnummer merkte; die lautete zu der Zeit: 767 17 74. Natürlich beherrschte sie keine 100er-Liste, also lautete ihre Geschichte: Ein ➘Zwerg (7) ➘würfelt (6) mit einem anderen ➘Zwerg (7). Dabei sitzen sie auf einem ➘Baum (1) oben und da sitzt noch ein dritter ➘Zwerg (7). Und unten fährt ein weiterer ➘Zwerg (7) in einem ➘Auto (4) vorbei. Es funktionierte. Aber natürlich müssen sich Kinder in dem Alter auch nicht täglich mehrere Zahlen merken.

Für Sie hingegen sollte dieses Beispiel ein Ansporn sein, sofern noch nicht geschehen, sich nun doch eine 100er-Liste zu erarbeiten. Sonst wissen Sie irgendwann nicht mehr, welcher Zwerg mit welchem Auto gegen welchen Baum fährt… Mit anderen Worten: Die Zahlenkombinationen wiederholen sich zu oft und sind zu ähnlich. Ohne 100er-Liste werden Sie mit Zahlen nicht besonders erfolgreich sein.

Den kenn ich doch! – Namen und Gesichter

Familiennamen

Betrachten Sie kurz die unten abgebildeten Gesichter (Abb. 6).

Bild Nr. 1

Bild Nr. 2

Bild Nr. 3

Bild Nr. 4

Bild Nr. 5

Bild Nr. 6

Bild Nr. 7

Bild Nr. 8

Bild Nr. 9

Bild Nr. 10

Bild Nr. 11

Bild Nr. 12

Bild Nr. 13

Bild Nr. 14

Abb. 6: Namen und Gesichter

Bild Nr. 15

Unser nächstes Ziel lautet: Wir merken uns zu jedem Gesicht den zugehörigen Namen. Das heißt, wir verknüpfen das Gesicht direkt mit dem Namen. Dazu überlegen wir uns in einem ersten Schritt: Was an diesem Gesicht könnte uns als „Haken“ dienen, als „Briefkasten“? Es klingt schwieriger, als es tatsächlich ist. Vor allem in den Seminaren merke ich immer wieder, wie überrascht die Teilnehmer sind, wenn es ihnen gelingt, mit Hilfe dieser Technik bis zu 50 Personen an bestimmten Merkmalen sicher zu erkennen. Am deutlichsten wird es, wenn ich Ihnen ein Beispiel gebe. Beginnen wir gleich mit Bild Nr. 1, der jungen Frau mit dem Amulett. Schon haben wir unseren ersten „Haken“: das Amulett. Und so geht es weiter:

Nr. 1	junge Frau mit Amulett	➾ Amulett
Nr. 2	Mann mit Schnauzer	➾ Schnauzer
Nr. 3	Frau mit einem Lächeln	➾ Lächeln
Nr. 4	Mann mit Brille	➾ Brille
Nr. 5	Frau mit Locken	➾ Locken
Nr. 6	Mann mit Dreitagebart	➾ Dreitagebart
Nr. 7	Mann mit auffälligem Hals	➾ Hals
Nr. 8	Mann mit Grübchen im Kinn	➾ Kinn/Grübchen
Nr. 9	Frau mit langen Haaren	➾ lange Haare
Nr. 10	Mann mit einem gefleckten Hemd	➾ geflecktes Hemd
Nr. 11	Mann mit weißem Bart	➾ weißer Bart
Nr. 12	Mann mit Schnauzer	➾ Schnauzer
Nr. 13	Frau mit Haarfransen in der Stirn	➾ Haarfransen
Nr. 14	Mann mit Knöpfen am Hemd	➾ Knöpfe
Nr. 15	Mann mit Brille	➾ Brillensteg

Sie haben gemerkt:

- Der Schnauzer wurde zweimal gewählt. Das Faszinierende ist, dass unser Gehirn sehr wohl in der Lage ist, zwischen Schnauzer und Schnauzer zu unterscheiden. Es weiß, welchen von beiden wir jetzt meinen und führt die richtigen Verknüpfungen durch. Sie werden das gleich noch bestätigt finden.
- Als „Haken“ können auch Kleidungsstücke oder Teile davon dienen, es müssen nicht immer Bärte und Nasen und Brillen sein, also etwas, das unmittelbar mit dem Gesicht zu tun hat. Moment mal, sagen Sie nun vielleicht, und was ist, wenn der Mann morgen ein anderes Hemd anhat? Dann stimmt das nicht mehr mit dem „gefleckten Hemd“ oder den „zwei Knöpfen“! Das ist zunächst richtig, doch

> spielt es eigentlich keine Rolle. Es geht darum, dass Sie den Betreffenden für die nächsten ein, zwei Stunden an dem bestimmten Merkmal identifizieren können. Danach, beim Transfer des Namens ins Langzeitgedächtnis, sehen Sie ohnehin nicht nur einen „Mann mit zwei Knöpfen am Hemd“, sondern Ihr Gehirn hat sich schon jede Menge Einzelheiten gemerkt. Wo er stand, wie er seine Haare trug, wie alt er in etwa ist. Sie brauchen das Detail, um in die Information einzusteigen; doch in Ihrem Gedächtnis wird automatisch sehr viel mehr abgespeichert als nur das Detail.

Nun darf ich Sie bitten, zurückzublättern und die Bilder noch einmal anzusehen. Überprüfen Sie, worauf Ihr Blick fällt. Ist es bei Nr. 1 das Amulett und bei Nr. 2 der Schnauzbart? Bei Bild Nr. 3 das Lächeln? Dann die Brille, die Locken, der Dreitagebart, der Hals, das Grübchen? Sehen Sie bei Nr. 9 die langen Haare, bei Nr. 10 den weißen Bart? Schließlich den Schnauzer, die Haarfransen in der Stirn, die Knöpfe und den Brillensteg? Machen Sie die Probe aufs Exempel. Blättern Sie zurück. Betrachten Sie die Gesichter. Suchen Sie Ihre „Haken“ und kehren anschließend hierher zurück.

Die ersten zehn Gesichter

Jetzt aber ran an den Speck! Wir verknüpfen nun die Gesichter mit den Namen. Die junge Frau mit dem Amulett stellt sich Ihnen als „Frau Altherr“ vor. Sie kombinieren: Auf dem Amulett ist ein älterer Herr mit Stock und weißem Bart abgebildet. Und so weiter. In Tabelle 9 werden Ihnen zu jedem Namen und jedem Haken ein oder mehrere mögliche Bilder genannt. Sie müssen diese Bilder nicht übernehmen. Wo Sie

Probleme haben, schaffen Sie sich einfach Ihr eigenes Bild (Sie kennen das Prinzip inzwischen). Übrigens ergeben sich bei manchen Namen die Bilder fast von allein (z. B. Nr. 7), während Sie bei anderen Namen regelrecht um die Bilder ringen müssen (z. B. Nr. 6).

Tabelle 9: Namen und Gesichter (vgl. Abb. 6)

Nr.	„Haken"	Name	Bild + Verknüpfung
1	Amulett	Maria-Anna Altherr	auf dem **Amulett** ist ein **älterer Herr** mit Stock und Bart ➾ Altherr
2	Schnauzer	Hans Lattmann	im **Schnauzer** stehen **lat**einische Vokabeln und er ist ein **Mann** ➾ Lattmann oder: **Schnauzer** besteht aus einer Holz**latt**e bei diesem **Mann** ➾ Lattmann
3	Lächeln	Susanne Platz	sie sagt **lächeln**d zu ihrem Hund: **Platz** ➾ Platz oder: Da ist eine **Platz**wunde an ihrem **Mund** (Lächeln) ➾ Platz
4	Brille	Hans-Peter Heuck	auf seiner **Brille** ist ein **Heu**haufen mit **K**amel ➾ Heuck (ohne Kamel wird allzu leicht ein „Herr Heu" daraus!)
5	Locken	Margit Giehse	die **Haarpracht** (Locken) mit einer **Gieß**kanne gießen; am Boden entsteht ein **Se**e ➾ Giehse
6	Dreitagebart	Rudolf Leidich	im **Dreitagebart** ist **Lai**ch (z. B. vom Stör, also Kaviar) und der Herr ist **Dich**ter ➾ Leidich
7	Hals	Wolfgang Lang	der Mann mit dem **lang**en **Hals** ➾ Lang
8	Kinn/ Grübchen	Andreas Eckstein	er hat einen **eck**igen **Stein** im **Kinn** ➾ Eckstein
9	lange Haare	Anita Bickelhaupt	die Frau mit den **langen Haaren** hat einen **Pickel** auf dem **Haupt** ➾ Bickelhaupt (zwar schreibt sich Pickel mit P, aber das stört in diesem Fall nicht)
10	geflecktes Hemd	Jürg Forstberg	auf dem **gefleckten Hemd** sind Bäume eines **Forst**es, der auf einem **Berg** liegt ➾ Forstberg

Wiederholung

Lassen Sie uns an dieser Stelle kurz rekapitulieren. Gehen wir zurück zu der Frau mit dem Amulett. Wahrscheinlich sehen Sie nun einen älteren Herrn am Stock vor sich – Sie haben es mit Frau Altherr zu tun. Bei Bild Nr. 2 fällt Ihr Blick auf den Schnauzer, in dem bei diesem Mann lateinische Vokabeln hängen: Herr Lattmann. Die lächelnden Lippen sagen „Platz!" zum Hund – Frau Platz. Dann sehen Sie bei Herrn Heuck immer noch Heu mit Kamel auf der Brille, bei der Lockenpracht fällt Ihnen über die Gießkanne und den See Frau Giehse ein. Der Herr mit dem Dreitagebart erinnert Sie an Kaviar – und ich möchte wetten, Sie sagen jetzt nicht „Herr Kaviar", sondern denken an den Laich und den Dichter: Es ist nämlich Herr Leidich. Falls Ihnen doch ein „Herr Kaviar" passiert ist, ärgern Sie sich bitte nicht. Korrigieren Sie sich und machen Sie weiter. Ärger führt nur dazu, dass Sie noch mehr Fehler machen und Dinge vergessen, die Sie eigentlich können. Bei Bild Nr. 7 blickt uns Herr Hals mit dem Hals entgegen … pardon, es ist natürlich Herr Lang. Gerade an dieser Stelle könnte auch ganz leicht eine Verwechslung passieren. Bleiben Sie gegebenenfalls locker, lachen Sie über sich selbst und nehmen Sie sich den nächsten Kandidaten vor. Da war das Kinn mit dem eckigen Stein – ja, richtig: Herr Eckstein. Und die Dame mit den langen Haaren hatte einen Pickel auf dem Kopf, nein, dem Haupt … sie hieß Bickelhaupt. Bleibt noch der Herr mit dem bunten Hemd. Das ist vielleicht von allen Namen der schwierigste. Na? Kommen Sie noch auf die Bäume? Von dort ist es leicht zum Forst am Berg und Herrn Forstberg.

Im Seminar sagt man mir häufig: „Ach, ich kenne einen Eishockeyspieler, der heißt genauso." Selbstverständlich können Sie neue Gesichter auch an bekannte Namen knüpfen, das heißt – um genau zu sein –, Sie verknüpfen ein neues Gesicht mit einem vertrauten Gesicht.

Die restlichen fünf Gesichter

Lassen Sie uns nun auch die letzten fünf Namen angehen:

11	weißer Bart	Theo Brack	wie wäre es mit einer **Baracke** in seinem **Bart**? ➾ Brack oder: falls Sie den Maler Schorsch Brack kennen, könnten Sie sich auch ein Bild von **Brack** im **Bart** vorstellen ➾ Brack
12	Schnauzer	Karl Ziener	auf dem **Schnauzer** hängt ein **Ner**z, den Sie herunter**zie**hen ➾ Ziener
13	Fransenhaar	Katharinan Hartman	? *(Lassen Sie sich selbst etwas einfallen. Nehmen Sie sich ruhig ein paar Sekunden Zeit.)*
14	Knöpfe	Leopold Kunze	? *(Lassen Sie sich auch hier etwas einfallen. Nehmen Sie sich gerne eine Minute Zeit dafür.)*
15	Brillensteg	Roland Grasmück	auf dem **Brillensteg** sitzt eine **Grasmück**e ➾ Grasmück

Ich darf Sie nun einladen, diese 15 Namen zu üben. Gehen Sie wie beschrieben vor, sehen Sie die Bilder an, suchen Sie den „Haken“, hängen Sie ein paar Informationen dran, aus denen sich der Name ergibt. Wenn Sie alle 15 Namen beherrschen, werden wir einen Schritt weiter gehen.

Zwischenbilanz

Auch wenn es zunächst etwas kompliziert und vielleicht umständlich wirkte – es hat funktioniert. Sie beherrschen nun 15 Nachnamen und das ist doch schon was. Die beschriebene Technik leistet gute Dienste und im Lauf der Zeit, wenn Sie mehr Übung haben, werden Sie feststellen, dass es immer leichter geht. Namen werden sich wiederholen, Sie werden auf vorhandene Bilder zurückgreifen können und nicht mehr für jeden Namen (mehr oder minder mühevoll) ein neues Bild schaffen müssen. So wird Ihnen beispielsweise bei einem zweiten Herrn Forstberg bereits das Bild vom Forst auf dem Berg vor Augen stehen und Sie benötigen nur noch den „Haken“, an den Sie es hängen können.

Überhaupt wäre es gar nicht so ungeschickt, wenn Sie sich eine Liste zusammenstellen würden: etwa 100 Namen, mit denen Sie immer wieder konfrontiert werden, und Bilder dazu. Versuchen Sie, sich die Bilder zu merken. Sie werden staunen, wie leicht das geht (selbst bei der großen Zahl von 100!), wenn Sie sich die Bilder selbst ausgedacht haben.

Sozusagen als Starthilfe finden Sie im Anhang (unter A5) eine Tabelle mit Beispielen für Vornamen (s. u.) und Nachnamen. Diese dient nur dazu, Ihre Vorstellungskraft zu wecken. Sie sollten sich wirklich bemühen, eigene Bilder zu schaffen.

Vornamen

Im Allgemeinen gilt: Vornamen sind leichter zu merken als Nachnamen. Dafür gibt es mehrere Gründe. Erstens sind Vornamen meist kürzer, zweitens sind sie prägnanter und drittens gibt es nicht so viele.

Namen-Bilder

Man geht im Prinzip genauso vor wie bei den Nachnamen: Man denkt sich Bilder aus. Dabei kann man vom ganzen Wort ausgehen oder von den einzelnen Silben, je nachdem, was sich anbietet. Auch hier wäre es wiederum empfehlenswert, Sie hätten eine fertige Liste zu den geläufigsten Namen, damit Sie sich nicht jedes Mal von neuem ein Bild überlegen müssen. So in etwa könnte eine solche Liste (in Ausschnitten; etwas ausführlicher siehe Anhang unter A4) aussehen:

Kurt	Gurt
Rita	ein **Ri**ese in einer **Ta**sse
Monika	Ziehhar**monika**
Veronika	Amphitheater von **Veron**a
Wolfgang	ein **Wolf**, der in einen **Gang** hineinschleicht
Marianne	Meer (**Mar**e), in dem eine **An**anas schwimmt
Margit	Meer (**Mar**e) mit **Git**ter darüber
Christian	Kreuz
Christoph	Kreuz aus Stoff (Endung -oph!)
Gregor	Uhr (Papst Gregor XIII, der 1582 eine heute noch maßgebliche Kalenderreform durchgeführt hat)
Georges	Schornstein [gesprochen „Schorsch“]
Georg	Drache (Georg der Drachentöter)

Somit habe ich klare Bilder für Namen, die besonders bei ähnlichen Namen hilfreich sind, denn wenn ich vielleicht

Gregor, Georges [gesprochen „Schorsch"] und Georg verwechseln würde ... mit Sicherheit verwechsle ich eine Uhr nicht mit einem Schornstein, geschweige denn mit einem Drachen.

Gehen wir nun ein weiteres Mal zurück zu unserer Personenliste (Tab. 9). Wir haben uns bisher ausschließlich mit den Nachnamen beschäftigt. Die haben wir uns gemerkt und haben gelernt, sie dem richtigen Gesicht zuzuordnen. Nun wollen wir, um die Sache komplett zu machen, auch die Vornamen dazunehmen. Beginnen wir mit einem Beispiel:

Verknüpfung von Name und Gesicht

Die erste Person war die Dame mit dem Amulett, Frau Altherr. Wir erinnern uns: Auf dem Amulett ist ein älterer Herr abgebildet. Spinnen wir diese Geschichte nun weiter und fügen wir den Vornamen „Maria-Anna" hinzu. Also: Der ältere Herr trifft **Maria** mit dem Jesuskind und schenkt ihr eine **Ana**nas. Damit haben wir die Verknüpfung zwischen dem „Haken" und den beiden Namen geschaffen. Sie beginnen also immer genau an der Stelle mit dem Vornamen, wo Sie mit dem Nachnamen aufgehört haben. Sonst würden Sie ja die bereits bestehende Verknüpfung zwischen dem „Haken" und dem Nachnamen zerstören. So aber verlängern Sie lediglich die Geschichte um den Vornamen.

Nehmen wir ein weiteres Beispiel heran. Herrn Lattmann, den Mann mit dem Schnauzer aus Holzlatten. Wir können uns vorstellen, er habe einen Goldklumpen in der Hand. Somit ist er ein „Hans im Glück" – der Vorname lautet nämlich „Hans". Susanne Platz wäre die Dame mit dem Lächeln. Ach ja, sie sagt lächelnd zu ihrem Hund: „Platz!" Nun, und wenn der Hund brav „Platz" gemacht hat, bekommt er zur Belohnung eine Tasse **Su**ppe mit **Sahne** – Susanne. Bevor Sie sich selbst an die Arbeit machen, noch ein letztes Beispiel. Herr Heuck (das Heu mit dem Kamel auf der Brille) heißt Hans-Peter. Wir nehmen den Goldklumpen für den „Hans", und die Farbe Schwarz für den „Peter" (vom Kartenspiel „Schwarzer Peter"). Zusammen ergibt das schwarzes Gold: Öl. Öl ist mein Bild für Hans-Peter. Das müssen wir jetzt nur noch irgendwie mit dem Kamel auf dem Heu in Verbindung bringen … das Kamel gehört einem reichen Öl-Scheich. Fertig.

Nun sind Sie an der Reihe. Jeder der verbleibenden 11 Vornamen lässt sich in ein Bild verwandeln, das in die bereits bestehende Geschichte eingebaut werden kann. Tun Sie dies jetzt. Gehen Sie spielerisch und locker an die Aufgabe heran. Nach vier, fünf Bildern wiederholen Sie, was Sie bislang geschafft haben. Wenn Sie alle Namen mit Bildern belegt haben und auch alle Namen korrekt wiedergeben können, lesen Sie bitte unten weiter.

Das Namensgedächtnis trainieren

Vielleicht fragen Sie sich: Wie um alles in der Welt soll ich bloß mein Namensgedächtnis trainieren, ich kann doch nicht alle Leute fragen, wie sie heißen, nur um zu üben! Doch glauben Sie mir, es gibt viele Möglichkeiten, und ganz ohne Peinlichkeiten. Etwa wenn Sie zu zweit in einem Restaurant sitzen. Da sind eine ganze Reihe von Menschen um Sie herum, die Sie gar nicht kennen. Diesen Menschen können Sie fiktive Namen geben und damit üben, ohne dass es irgendjemandem peinlich sein muss. Zu zweit macht das richtig Spaß. Dass Sie dabei nicht mit dem Finger auf jemanden zeigen und laut lachen, versteht sich von selbst. Oder Sie merken sich die Namen der Schauspieler im nächsten Spielfilm, den Sie sehen. Sie können aber auch ein Magazin zur Hand nehmen – ein reich bebildertes am besten – und die Namen, die zu den Bildern gehören, auswendig lernen. Sollten die Namen nicht abgedruckt sein, nehmen Sie das Telefonbuch zu Hilfe.

Als Faustregel würde ich sagen: Zehn Namen pro Tag ist eine gute Übung. Sie werden staunen, wie schnell das geht. Am effektivsten ist das Training allerdings dann, wenn es im Alltag zur Anwendung kommt. Wenn Sie also versuchen, sich die Namen Ihrer Mitmenschen zu merken. Gehen Sie beispielsweise in die nächste Sitzung und suchen Sie zunächst die Merkmale, an denen Sie die Namen festmachen wollen, die „Haken“. Machen Sie dann die Namen an diesen Haken fest. Versuchen Sie schließlich, ohne Visitenkarten auszukommen.

Eine gute Übung ist, vor der Sitzung die Namen der Beteiligten auf einem Blatt Papier zu notieren und daneben den zugehörigen „Haken“ in Form einer kleinen Zeichnung zu vermerken; diese Zeichnung darf ruhig Ähnlichkeit mit Hieroglyphen besitzen. Für Herrn Ziehner beispielsweise zeichnen Sie einen Schnauzbart, für Herrn Forstberg das gefleckte Hemd. Abbildung 7 zeigt Ihnen, wie so etwas aussehen kann; als Beispiel dienen wiederum die 15 Namen, die wir bereits gelernt haben.

Name	„Haken"	
Maria-Anna Altherr		Amulett
Hans Lattmann		Schnauzer
Susanne Platz		Lächeln
Hans-Peter Heuck		Brille
Margit Giehse		Locken
Rudolf Leidich		Dreitagebart
Wolfgang Lang		Hals
Andreas Eckstein		Kinn/Grübchen
Anita Bickelhaupt		lange Haare
Jürg Forstberg		geflecktes Hemd
Theo Brack		weißer Bart
Karl Ziener		Schnauzer (größer)
Katharina Hartmann		Fransenhaar
Leopold Kunze		Knöpfe
Roland Grasmück		Brillensteg

Abb. 7: Namen und „Haken"

Praktische Anwendung

Das war nun alles vorwiegend Theorie. Deshalb will ich Ihnen jetzt schildern, wie mir diese Technik in der Praxis ganz konkret hilft. Ich habe beispielsweise ein Seminar zu leiten mit 100 Teilnehmern. Die Namenliste liegt mir vor. Mein Ziel ist, möglichst schnell nach Seminarbeginn die Namen zu beherrschen und den richtigen Gesichtern zuordnen zu können. Dazu beginne ich drei Tage vor Seminarbeginn, mir Vor- und Nachnamen einzuprägen. Einen „Max Schreiber" merke ich mir, indem ich mir jemanden vorstelle, der eine Geschichte über Wilhelm Busch schreibt. Über „schreiben" komme ich auf „Schreiber", über „Wilhelm Busch" mit einiger Wahrscheinlichkeit auf „Max". Manchmal stehen auch Namen wie Margit Machowinski-Spiegelberg auf meiner Liste. Hierfür brauche ich eine etwas längere Geschichte. Ein **Macho** läuft **Ski** und ge**win**nt immer. Macho + win + ski = Machowinski. Dieses war der erste Streich, doch der zweite … Der Machowinski fährt einen **spiegel**igen **Berg** runter. Machowinski + spiegelig + Berg = Machowinski-Spiegelberg. Dieses war der zweite Streich, doch der dritte … Machowinski-Spiegelberg fährt ins Meer (**mar**e) hinein, wo er auf ein **Git**ter aufläuft. Mar + git = Margit.

„Puh, ist ja ewig anstrengend!", denken Sie vielleicht an dieser Stelle. Zugegeben: Dieser letzte Name war ein dicker Brocken. Aber Derartiges gibt es zum Glück nicht in einem fort. Und so ein wenig schwierig ist es allenfalls am ersten Tag, wenn Sie sich die Geschichte ganz neu ausdenken und merken müssen. Schon morgen, wenn Sie die Teilnehmerliste wiederholen, sieht alles ganz anders aus. Sie werden feststellen: Es geht ja fast von allein! Und am Tag darauf wird selbst der schwierigste Name zu einem Namen wie jeder andere und der zugehörige Vorname kommt wie aus der Pistole geschossen. Bei „Schreiber“ denken Sie an Wilhelm Busch und die beiden Lausbuben Max und Moritz …ach ja, das war doch der Max Schreiber. Wenn ich Ihnen Machowinski-Spiegelberg nenne, grinsen Sie in sich hinein, weil der Typ ins Meer fährt – auf Skiern! – und dabei auf ein Gitter aufläuft. Margit heißt die Dame, alles klar.

Gehen Sie so vorbereitet in ein Seminar, können Sie jeden, der sich Ihnen mit Nachnamen vorstellt, direkt mit dem kompletten Namen begrüßen. Stellen Sie sich vor, wie das sein müsste, wenn Sie den Vornamen parat haben und selbst bei den kompliziertesten Nachnamen nicht nachfragen müssen. Sie glauben nicht, welch einen Eindruck das macht! Der bzw. die Angesprochene erhält von Ihnen die Botschaft: Ich kenne Sie schon, Ihr Name ist mir bekannt, ich bin Ihnen wichtig. Es gibt kaum eine positivere Eröffnung für ein Gespräch.

Nicht immer verfügt man im Vorfeld über eine Liste, anhand deren man sich neue Namen einprägen kann. Vielleicht werden Sie bei irgendeinem Anlass zwei Dutzend Leuten vorgestellt und das geht so zack, zack, dass Sie keine Chance haben, sich überhaupt irgendetwas zu merken. In diesem Fall fragen Sie denjenigen, der Sie vorgestellt hat und offensichtlich sämtliche Namen kennt, dezent: „Bitte, wie heißen die vier Herren dort hinten im Raum noch einmal?“ Diese vier Namen lernen Sie auf die beschriebene Weise. Dann nehmen Sie sich die nächsten drei Personen vor, fragen wieder, lernen erneut. So arbeiten Sie sich durch den ganzen Raum, bis Sie alle Namen im Kopf haben. Wenn möglich, nehmen Sie ein Blatt Papier, schreiben die Namen auf und zeichnen den „Haken“ daneben (Stichwort Hieroglyphe). Zumindest mit diesem Blatt in der Hand sollten Sie nach einer Viertelstunde in der Lage sein, jede Person im Raum richtig mit Namen anzusprechen. Vielleicht ergibt sich auch die Gelegenheit, sich gemütlich in eine Ecke zu verziehen und die Namen in aller Seelenruhe richtig einzupauken. Ich habe die Erfahrung gemacht, dass es keine Veranstaltung gibt – sei es eine Party, eine Sitzung oder irgendeine Feier –, während der ich nicht irgendwann einmal zehn Minuten darauf verwenden kann, konzentriert die Namenliste auswendig zu lernen.

Nun bin ich ja inzwischen als „Lern-Guru" bekannt, und meistens läuft es auf so einer Veranstaltung wie folgt: Während ich noch dabei bin, die Namen zu lernen, kommt jemand auf mich zu mit der Bitte, ich möchte die Anwesenden einander vorstellen – und zwar auf meine Weise. Nämlich so, dass man sich die Namen merken kann. Natürlich komme ich dieser Bitte gerne nach. Immerhin stehe ich dadurch prompt im Mittelpunkt der Party! Aber im Ernst: Es freut mich regelmäßig, wenn die Leute begreifen, wie faszinierend schnell es geht, sich mit Hilfe dieser Methode eine ganze Reihe von Namen zu merken. Das dauert ja nicht Tage und Wochen, sondern nur ein paar Minuten!

Sie wissen inzwischen, wie es funktioniert. Ich habe Ihnen auch gesagt, wie Sie stressfrei an das Üben herangehen können. Tun Sie es! Lernen Sie täglich zehn Namen und Sie werden bald die erforderliche Routine besitzen, um neue Namen sicher und schnell zu behalten.

Eine Checkliste mit 30 Punkten auswendig lernen

Wozu sich eine Checkliste mit 30 Punkten auswendig merken? Ganz einfach: Weil es Sie unabhängig macht von irgendwelchen Zetteln. Etwa wenn es darum geht, eine freie Rede zu halten, in die bestimmte Punkte eingebaut werden sollen. Oder ein Gespräch zu führen, in dem Sie bestimmte Argumente unterbringen wollen. Oder wenn Sie einfach keine Lust haben, Ihren Einkaufswagen mit dem Zettel in der Hand herumzuschieben. Sicher fallen Ihnen selbst genug weitere Beispiele ein. Und ich möchte Ihnen nun zeigen, wie so etwas geht.

Vorweg die Checkliste, die sich aus drei Einheiten zu je zehn Begriffen zusammensetzt:

1–10: Posten, die etwa auf einer Einkaufsliste stehen könnten
11–20: abstrakte Begriffe, die etwa in eine Rede einzubauen wären
21–30: Vokabeln einer Fremdsprache, Namen und Zahlen (Bemerkung: Die Vokabeln sind so geschrieben, wie sie klingen; z. T. ist die Schreibweise in Klammern angegeben, sie ist jedoch für diesen Lernschritt unerheblich.)

- Salat
- Brot
- Milchpulver
- Radieschen
- Eier
- Petersilie
- Küchenmesser
- Spülmittel
- Hemden in die Reinigung bringen
- Pfeffer

- Bedürfnis
- Querdenker
- Lohnerhöhung

- Falschaussage
- Abwenden
- Perfektion
- Sachschadensbegrenzung
- Unterschied
- Toleranz
- Zukunftserwartung

• monschee	= essen	(frz., „manger“)
• dum	= so lange als; während; bis	(lat.)
• upraschninje	= Übung	(russ., „упражнение“)
• nöng	= eins	(thailänd.)
• haschlajot	= Illusion	(hebr.)
• becken	= winken	(engl. „to beckon“)
• la kasch	= der Käfig	(frz. „la cage“)
• capas	= die Stunde	(jap.)

- 8109110
- Martin Beckmann
- Andrea Beckmann

Diese insgesamt 30 Punkte sollen Sie mit Hilfe Ihrer Wohnungsliste lernen. Das heißt also, Sie legen jeweils zehn Begriffe in einem Zimmer ab. An dieser Stelle wird Ihnen klar, dass ich Ihnen das nicht vormachen kann – ich kenne ja Ihre Wohnungsliste nicht. Doch werde ich Ihnen ein paar Tipps geben, sozusagen als kleinen Anstoß. Außerdem biete ich Ihnen Folgendes an: Wenn irgendwelche Fragen auftauchen, mit denen Sie allein nicht weiterkommen, dürfen Sie mich ohne weiteres anrufen (Tel. 0041–1/8109110) und ich werde Ihnen helfen.

Sie nehmen nun das erste Zimmer Ihrer Wohnungsliste (entsprechend den Ziffern 21 bis 30 in Ihrer 100er-Liste). In diesem Zimmer legen Sie die ersten zehn Begriffe ab. Angenommen, es handelt sich um die Küche und der erste „Haken“ wäre das Spülbecken, dann würden Sie den Salat (den ersten Posten auf der Checkliste) am Spülbecken ablegen. Das Brot wandert auf den „Haken“ Nummer zwei, etwa die Kaffeemaschine. Und so fort.

Diese konkreten Gegenstände auf die entsprechenden Haken abzulegen dürfte Ihnen kaum Probleme bereiten. Ein kleiner Hinweis dennoch: Machen Sie möglichst einen kurzen Zwischenstopp, sobald Sie fünf Punkte der Liste abgearbeitet haben, und wiederholen Sie das bisher Gelernte, indem Sie sich mit geschlossenen Augen das Zimmer vorstellen und prüfen, ob Sie alles wiederfinden können. Spätestens nach zehn Punkten müssen Sie unbedingt eine solche Pause einlegen.

Bei den nächsten zehn Punkten auf unserer Liste handelt es sich um abstrakte Begriffe. Möglicherweise wollen Sie diese in ein Gespräch einbauen. Diese Begriffe legen Sie nun im zweiten Zimmer Ihrer Wohnungsliste (entsprechend den Zahlen 31 bis 40 der 100er-Liste) ab. Sie werden hierfür etwas mehr Zeit benötigen, weil Sie vermutlich eine Verbindung zwischen Haken und Begriffen knüpfen müssen. Vergleichen Sie ruhig einmal die Zeit. Wie lange brauchen Sie für die konkreten Gegenstände? Wie lange für die abstrakten Begriffe? Auch hier gilt natürlich: Machen Sie einen Zwischenstopp nach den ersten fünf Begriffen. Wiederholen Sie. Fahren Sie erst dann fort mit dem Rest.

Noch etwas schwieriger wird es mit der dritten Gruppe. Hier haben wir es mit Vokabeln aus unterschiedlichen Fremdsprachen, einer Telefonnummer und zwei Namen zu tun. Sie werden diese Vokabeln samt der deutschen Übersetzung im dritten Zimmer Ihrer Wohnungsliste (entsprechend den Zahlen 41 bis 50 der 100er-Liste) ablegen, indem Sie sich Klangbilder schaffen und diese mit den „Haken“ verknüpfen. Haben Sie das geschafft, können Sie stolz von sich sagen, dass Sie neue Vokabeln gelernt haben. Und hier klingelt es vielleicht bei Ihnen: Mensch, sagen Sie, ich möchte unheimlich gern pro Tag 20 portugiesische Vokabeln lernen, weil ich nämlich heuer in Portugal Urlaub machen werde, und da wäre es doch toll, wenn ich mich so ein klein wenig in der Landessprache verständlich machen könnte! Das gelingt Ihnen auf diese Weise wunderbar. Sie legen die Wörter ab, indem Sie eine bildhafte Vorstellung davon entwickeln. Und die können sie wiederholen, ohne Ihr Lehrbuch bemühen zu müssen.

Im Zusammenhang mit den Fremdsprachen würde ich Ihnen empfehlen, die Vokabeln nicht nur mündlich zu lernen und zu wiederholen, sondern auch schriftlich zu üben. Nehmen Sie also nach der Wiederholung ein Blatt Papier zur Hand und schreiben Sie alle Wörter auf. Damit haben Sie die Kontrolle, ob Sie auch das Schriftbild beherrschen. Ferner gleichzeitig eine Kontrolle, ob die Vokabeln wirklich sitzen; beim Schreiben kann man sich nicht betrügen!

Wenn Sie schließlich alle 30 Punkte in den drei Zimmern abgelegt haben, nehmen Sie wiederum ein Blatt Papier und schreiben darauf die zehn Punkte der Einkaufsliste, die zehn abstrakten Begriffe für das Gespräch sowie die Vokabeln (mit deutscher Bedeutung!), die Telefonnummer und die Namen. Übrigens: Notieren Sie, wie viel Zeit Sie für diese Übung benötigen. Sie werden feststellen, dass es von Mal zu Mal schneller geht. Denn Sie belassen es sicher nicht bei dieser einen Checkliste, nicht wahr? Übung macht den Meister!

Zuletzt noch eine kleine Bemerkung aus meinem Erfahrungsbereich: Als ich diese Technik entdeckt hatte, wandte ich sie an, um mir jeden Tag 30 Begriffe zu merken, die ich einfach der Zeitung entnommen hatte. Für diese Übung wählte ich immer dieselbe Tageszeit, nämlich den Morgen, bevor ich meinen Tee zum Frühstück trank. Der Effekt war hervorragend. Ich konnte richtig zuschauen, wie ich immer schneller wurde. Diesen Effekt würde ich Ihnen auch gönnen. Also: Versuchen Sie es täglich um eine bestimmte Zeit, am besten in aller Frühe.

Genug der Worte. Lassen Sie sich nicht aufhalten. Legen Sie nun wie beschrieben die 30 Punkte in den ersten drei Zimmern Ihrer Wohnungsliste ab. Holen Sie meinen Rat ein, wenn es nötig ist. Ansonsten: Viel Vergnügen!

Es geht auch ohne Terminkalender

Sie glauben es nicht? Bei mir funktioniert es seit etwa einem Jahr. Mit „funktionieren" meine ich: Ich habe den nächsten Monat, vielleicht auch die nächsten beiden Monate so im Kopf, dass ich ohne langes Nachdenken sagen kann, was an jedem Tag vorgesehen ist. Natürlich habe ich im Hintergrund immer noch den Terminkalender, in dem ich alles vermerke, was neu an mich herangetragen wird. Ich verwende dafür übrigens den Computer, aber das nur am Rande. Wenn Sie einen Blick hineinwerfen würden, könnten Sie sehen, dass ich an einem normalen Tag etwa fünf bis sechs Termine stehen habe. Ein Seminar in Nürnberg etwa, ein verabredetes Telefongespräch um 11 Uhr, einen Zahnarztbesuch. Das alles sind Informationen, die sich mit wenigen Stichworten klar und exakt definieren lassen: Was? Wann? Wo?

Mein Ansatz bestand darin, dass ich aus meiner 100er-Liste die Zahlen 1 bis 31 hergenommen habe (sprich die Baumliste, das erste Zimmer plus der erste Haken im zweiten Zimmer). Damit hatte ich eine Liste, die 31 Punkte umfasste und – in diesem Fall ist es wichtig! – die nummeriert war. Sie diente mir für den ersten Monat; und um den zweiten Monat abhandeln zu können, habe ich eben dieselbe Liste doppelt belegt (dass man Listen mehrfach belegen kann, haben wir an früherer Stelle bereits erfahren). Alternativ könnte man für den zweiten Monat die Zimmer drei, vier und fünf plus eventuell den ersten Haken im Zimmer sechs heranziehen. Natürlich können Sie bei Monaten mit nur 30 Tagen auf den einen Haken im zweiten bzw. sechsten Zimmer verzichten. Kurze Überschlagsrechnung: Wenn Sie zwei Monate überblicken wollen, müssen Sie in der Regel 61 Tage im Kopf haben, für Januar/Februar und Februar/März nur 59, für Juli/August hingegen 62.

Doch die Geschichte mit dem zweiten Monat ist im Augenblick Zukunftsmusik. Fürs Erste soll es genügen, wenn Sie sich die Termine eines Monats merken. Nehmen Sie dazu Ihren Terminkalender zur Hand. Angenommen, der nächste Monat ist der April. Dann lautet die erste Frage: Welche Termine sind für den 1. April vorgemerkt und welche davon sind so wichtig, dass Sie sie im Kopf behalten möchten? Diese Termine legen Sie als Stichworte (Was? Wann? Wo?) unter „Baum“ ab. Dann ist der 2. April an der Reihe. Überlegen Sie, welche Stichworte Sie an den Lichtschalter binden müssen. Fahren Sie fort, bis Sie den 10. April erfasst haben. Wiederholen Sie. Nehmen Sie sich dann in analoger Weise erst den 11. bis 20. April und schließlich den 21. bis 30. April vor. Somit haben Sie die wichtigsten Termine für den ganzen April im Kopf.

Das wäre ein Anfang. Haben Sie sich erst einmal daran gewöhnt, dass es funktioniert, werden Sie daran festhalten wollen, da bin ich mir sicher. Es ist einfach eine feine Sache, wenn man direkt Antwort geben kann auf Fragen wie: „Am 16. Mai um 17 Uhr findet meine Vernissage statt. Ich würde mich freuen, Sie begrüßen zu dürfen. Können Sie es sich einrichten?" Sie gucken in ihrem Kopf nach bei „Teenager" und stellen fest: Da ist nur die Besprechung morgens um zehn, alles klar.

Übrigens: Am 10. April ist die Hälfte Ihrer Baumliste bereits wieder frei. Sie könnten anfangen, dort den 1. bis 10. Mai abzulegen. Oder Sie steigen auf einen wöchentlichen Turnus um. Mit maximal fünf oder sechs Minuten pro Woche schaffen Sie es, sich jeweils die neuen Informationen für die Woche, die es dranzuhängen gilt, zu merken. Vielleicht kommen Sie auch irgendwann an den Punkt, an dem Sie das System erweitern wollen auf zwei Monate. Dann tun Sie es einfach! Mehr als zwei Monate, würde ich sagen, sind wirklich nicht nötig. Niemand kann und wird von Ihnen erwarten, dass Sie heute schon wissen, welche Termine in einem halben Jahr in Ihrem Kalender stehen. Aber ein kluger Schachzug wäre, sich entweder die Montage oder die Sonntage besonders zu kennzeichnen. Etwa indem Sie für jeden Montag einen Mond in Ihr Bild aufnehmen. Davon ausgehend können Sie mit geringer Überlegung auch die übrigen Wochentage zuordnen.

Also: Sie nehmen Ihren Terminkalender, schlagen den nächsten Monat auf und beginnen, den ersten Tag dieses Monats auf dem „Baum“, den zweiten Tag auf dem „Lichtschalter“, den dritten auf dem „Hocker“ etc. abzulegen. Arbeiten Sie sich auf die beschriebene Weise durch den gesamten Monat, wiederholen Sie die abgelegten Informationen und lesen Sie dann unten weiter.

Dreimal kurz gelacht – wie man sich Witze merken kann

Wie oft ist es mir früher passiert, dass ich in einem Gespräch einen tollen Witz gehört habe. Den will ich mir merken!, nahm ich mir vor – nur um Stunden später festzustellen, dass ich ihn glatt vergessen hatte. Manchmal war es möglich, nachzufragen und mir den Witz noch einmal erzählen zu lassen. Meistens aber blieb die Pointe für alle Zeiten verloren.

So etwas ärgert mich. Und vielleicht geht es Ihnen ja ähnlich. Deshalb biete ich Ihnen im Folgenden ein Programm an, das Ihnen hilft, sich Witze sicher zu merken. Das Prinzip: Man merke sich zwei oder drei Stichwörter. In der Regel reicht das vollkommen aus, um den ganzen Witz rekapitulieren – sprich in Ihrem Kopf wiederfinden – zu können. Es kostet Sie vielleicht ein wenig Disziplin, um sich nach jedem Witz die treffendsten Stichwörter herauszupicken und auf einer Liste abzulegen, vor allem dann, wenn jemand eine ganze Salve von Witzen loslässt. Diese Disziplin müssen Sie aufbringen. Als Belohnung winkt Ihnen die Tatsache, dass Sie von zehn erzählten Witzen garantiert acht nach zwei Stunden in Ihrem Kopf wiederfinden werden. Und das ist es schließlich, was Sie möchten, nicht wahr?

Wenn Sie wollen, können Sie *jeden Witz für sich* im Kopf behalten. Den Transfer ins Langzeitgedächtnis führen Sie wie vorne beschrieben (S. 36f.) durch: eine erste Wiederholung nach einem Tag, daran anschließend weitere fünf Wiederholungen, über einen Zeitraum von mehr als drei Tagen verteilt. Was mich angeht, so habe ich die Möglichkeit vorgezogen, mir eine *Witzliste* anzulegen. Diese Witzliste, die etwa 30 Punkte umfasst, gebrauche ich in meinen Seminaren permanent. Ich wiederhole sie ständig und habe sie auch immer parat. Daneben habe ich noch einige Dutzend Witze auf Reserve. Die meisten sind von der Kategorie „nicht seminarfähig" (sprich zu wenig anständig…). Ich habe Sie in Form von Stichwörtern im Computer gespeichert. Diese Stichwörter genügen, um die zugehörigen Witze abzurufen. Weil ich diese Witze nicht permanent erzähle, würde ich sie (und die Stichwörter) irgendwann vergessen. Um genau zu sein: Sie würden aus dem Bereich des Langzeitgedächtnisses herausfallen und in den passiven Bereich wandern. Deshalb bin ich darauf angewiesen, mir die Stichwörter aufzuschreiben.

Konkrete Beispiele

Witz Nr. 1

Ein Kunde kommt in ein Musikfachgeschäft und verlangt nach einer CD. Darauf singe der Herr Pavarotti wie ein Hund, sagt er. Der Verkäufer ist irritiert und erwidert: „Entschuldigen Sie mal, der Herr Pavarotti ist ein Startenor! Ich kenne keine Aufnahme, auf der dieser Startenor singt wie ein Hund!" – „Doch, doch!", beharrt der Kunde, „das habe ich sogar auf dem Cover gelesen, dass der singt wie ein Hund." Der Verkäufer, inzwischen leicht bis mittelschwer genervt, sagt zum Kunden: „Wissen Sie was, gehen Sie mal nach hin-

ten und sehen Sie sich selbst in dem Regal dort um. Sollten Sie wirklich eine CD finden, auf der Herr Pavarotti singt wie ein Hund, schenke ich sie Ihnen, dann müssen Sie nichts dafür bezahlen." Der Kunde geht also nach hinten, stöbert in besagtem Regal – und keine drei Minuten später steht er freudestrahlend vor dem Verkäufer und hält ihm eine CD unter die Nase mit den Worten: „Sehen Sie, diese CD müssen Sie mir jetzt schenken!" Auf dem Cover steht: Pavarotti singt Vivaldi.

Welche Worte würden Sie als Stichwörter notieren, wenn Sie sich diesen Witz merken wollten? Bei mir war das früher „Pavarotti" und „Vivaldi". Inzwischen reicht mir einer von beiden Namen. Sie meinen, Sie müssten sich den ganzen Text aufschreiben? Gewiss nicht! Zwei oder vielleicht auch drei wirklich markante Stichwörter genügen vollkommen. Probieren Sie es aus! Was Sie nun brauchen, ist ein Bild, um sich Witz Nr. 1 zu merken. Blicken Sie auf Ihre Schuhe, stellen Sie sich vor, darauf steht ein Portrait von Luciano Pavarotti (Woran erkennen Sie ihn? Vielleicht am Bart?), der wie ein Hund bellt. Damit haben Sie den Witz quasi an Ihren Zehen (= Nr. 1 der Körperliste) befestigt. Folgende Daten wurden auf diese Weise zusammengefügt: Nr. 1 – Pavarotti – bellen – Vivaldi.

Witz Nr. 2

Eine betagte Dame im Alter von etwa 85 Jahren fährt jeden Montag mit dem Bus in die Stadt und zurück. Dem netten Busfahrer gibt sie jeweils nicht nur das Fahrgeld, sondern sie schenkt ihm dazu auch eine Hand voll Haselnüsse. Der Busfahrer freut sich, so hat er jeden Montag was zu naschen. Monatelang geht das so. Schließlich fragt er die Dame: „Lie-

be Frau, warum schenken Sie mir eigentlich diese Haselnüsse? Ich finde das ja toll, aber… wieso?" Sagt die Dame: „Junger Mann, wissen Sie, samstags haben wir immer eine Party zu Hause, da kommen all meine Enkelkinder und der eine Enkelsohn, der schenkt mir immer eine Packung Ferrero Küsschen, wissen Sie… ich kann doch diese Nüsse nicht mehr beißen!"

Was tun Sie jetzt? Wenn Sie sich den Witz merken wollen, legen Sie eine Schachtel Ferrero Küsschen auf Ihre Knie (Nr. 2 der Körperliste). Ganz einfach.

Witz Nr. 3

In einer Skatrunde hat sich einer der Spieler plötzlich gewaltig gesteigert. Er spielt von einer Woche auf die andere erheblich besser Skat als früher. Natürlich wundern sich die anderen und fragen: „Hör mal, Jakob, was hast du eigentlich gemacht, dass du so schnell so viel dazugelernt hast?" Daraufhin Jakob: „Ach, ich war da in so einem Gedächtnistraining." – „Mensch, mach doch keine Witze, so was funktioniert doch nicht", wenden die anderen ein. „Doch, doch!", widerspricht Jakob. „Ihr seht ja selbst, wie fit ich geworden bin." Darauf fragt ihn einer: „Und wie heißt der Seminarleiter, der dir so was beigebracht hat?" Jakob kratzt sich am Bart. „Mann, mir kommt dieser Name nicht in den Sinn", murmelt er. Nach längerem Nachdenken fragt er die Kollegen: „Hört mal, wie heißt denn diese Blume mit den Dornen und diesen roten Blüten?" Worauf die Kollegen natürlich sagen: „Rose." Augenblicklich wendet sich Jakob um und ruft in die Küche: „Du, Rose, Rose, wie hieß noch mal der Trainer letzte Woche, bei dem wir waren?"

Bei diesem Witz – für ein Gedächtnisseminar natürlich nicht ganz unpassend – habe ich an eine Rose in meiner Hosentasche (Nr. 3) gedacht. Das genügt: Die Rose, das war der Witz von dem Skatspieler, der den Vornamen seiner Frau nicht weiß. Wir haben bis jetzt die folgenden drei Bilder geschaffen: auf den Zehen das Bild von einem Pavarotti, der bellt; auf den Knien die Packung Ferrero Küsschen; in der Hosentasche die Rose.

Witz Nr. 4

Ein Tscheche kommt in Berlin zu einem Augenarzt. Der Arzt bittet ihn, sich auf einen Stuhl zu setzen, nimmt einen Stift und schreibt in die Mitte einer Tafel mit großen Buchstaben: ZXCCXZZXCY. Dann fragt er den Tschechen: „Können Sie das lesen?“ Der Tscheche wirft einen kurzen Blick auf die Tafel und meint: „Was heißt da ‚lesen‘ – ich kenne diesen Menschen!“

Das ist übrigens der kürzeste Witz, den ich im Seminar einsetze. Vor allem wenn ich den Buchstabensalat an die Tafel schreibe, ernte ich regelmäßig schallendes Gelächter. Damit wir den Witz nicht vergessen, merken wir uns in unserer Gesäßtasche (Nr. 4 der Körperliste) einen Buchstabensalat. Es ist gar nicht wichtig, die genaue Kombination aus XYZ und C zu kennen. Machen Sie das einfach aus dem Ärmel heraus. Übrigens: Dieser Witz wird erst dann richtig knackig, wenn Sie die Möglichkeit haben, den Buchstabensalat irgendwo hinzuschreiben.

Witz Nr. 5

Es gab mal einen Club, der sich dem Witzeerzählen verschrieben hatte. Ein Witzclub also. Zwar kannte man in die-

sem Club ein paar 100 Witze, doch mit der Zeit begannen sie sich zu wiederholen. Letztlich hörte man immer wieder dieselben Witze, erzählte immer wieder dieselben Witze ... und so beschloss man, die Witze zu nummerieren. Eines Tages ist ein Gast in diesen Club eingeladen. Er schaut sich das Ganze an und plötzlich steht eine Frau auf und sagt laut: „428!“ Tobendes Gelächter im ganzen Saal. Die Frau setzt sich wieder hin, ein Mann steht auf und sagt: „83!“ Alle halten sich die Bäuche vor Lachen – heitere Stimmung ist angesagt. Der Gast guckt sich das ein weiteres Mal an. Ein Mann steht auf, sagt: „417!“, setzt sich wieder hin, alle kringeln sich. Na gut, denkt sich der Gast, das will ich auch mal versuchen. Steht also auf und sagt: „501!“ Peinliches Schweigen im ganzen Saal. Niemand verzieht auch nur das Gesicht zu einem höflichen Lächeln. Betreten setzt sich der Gast hin und getraut sich nicht mehr, den Mund aufzumachen. Aber ein anderer steht auf, sagt: „588“ und hat die Lacher auf seiner Seite. Ebenso der Nächste mit „228“. Nachdem alle wieder am Lachen sind, fasst sich der Gast noch einmal ein Herz, steht auf und sagt: „200!“ Wieder kehrt peinliche Stille ein. Und da hört er, wie der eine zum anderen sagt: „Ja, es kommt halt schon darauf an, wie man es erzählt.“

Als Symbol für diesen Witz visualisiere ich auf meiner Taille ein kleines Buch, in dem Witze geschrieben stehen, nummerierte Witze. Fertig.

Fazit

Ich denke, Sie könnten diese fünf Witze jetzt in Ihrem Freundeskreis erzählen. Wiederholen wir:

Nr. 1	Zehen	Pavarotti, Vivaldi
Nr. 2	Knie	Ferrero Küsschen

Nr. 3	Hosentasche	Rose
Nr. 4	Gesäßtasche	Wortsalat
Nr. 5	Taille	Witzbuch mit nummerierten Witzen

Sollten Ihnen diese Stichwörter wider Erwarten nicht genügen, nehmen Sie sich ein, zwei bzw. so viele weitere Stichwörter dazu, bis der Witz tatsächlich vor Ihrem geistigen Auge erscheint.

ABC-Geschichte für Kinder

Kinder lernen das ABC ganz leicht mit der folgenden Geschichte. Probieren Sie es aus!

Es war einmal ein ↘ **A**pfel, der fiel vom ↘ **B**aum und verwandelte sich in eine ↘ **C**itrone. Jetzt nimmst du (… – Kind mit Namen ansprechen) diese Citrone mit einem ↘ **D**eckel auf und hebst sie auf einen ↘ **E**sel, auf dem die ganze ↘ **F**amilie sitzt und ↘ **G**itarre spielt. Du schlägst den Esel jetzt mit einem ↘ **H**ammer auf den Kopf. Der sagt ↘ „**I**-Ah" und isst dazu einen ↘ **J**oghurt. Darin befindet sich ein ↘ **K**augummi. Da kommt ein ↘ **L**öwe, schnappt sich diesen Kaugummi und verwandelt sich deshalb in eine kleine – ↘ **M**aus. Die beginnt zu wachsen und wird ein großes ↘ **N**ilpferd mit großen ↘ **O**hren. Es trägt einen ↘ **P**ullover, aus dem wie aus einer ↘ **Q**uelle Wasser fließt. Dieses Wasser tropft auf ein ↘ **R**adio, auf dem ↘ **S**taub liegt. Darauf steht ein ↘ **T**elefon, in dessen Hörer ein ↘ **U**hu sitzt. Der hat ein ↘ **V**eilchen im Mund. Von dem Veilchen tropft ↘ **W**asser herunter und fällt so auf den Boden, dass es ein ↘ **X** bildet. Das X verwandelt sich in ein ↘ **Y**, das zu einem ↘ **Z**oo fließt.

Daten aus der Geographie

Die 20 Regionen Italiens

Könnte ja sein, Sie verspüren den unwiderstehlichen Drang, sämtliche Regionen Italiens auswendig zu lernen. Sie möchten nicht nur wissen, wie sie alle heißen, sondern beim Blick auf die Landkarte auch sagen können, wo sie liegen. Zu diesem Zweck finden Sie auf der nächsten Seite eine Landkarte abgebildet (Abb. 8); die Namen der jeweiligen Regionen (in Deutsch und Italienisch) stehen in der folgenden Tabelle (Tab. 10).

Tabelle 10

Nr.	deutscher Name	italienischer Name
1	Aosta-Tal	Alto Adice
2	Piemont	Piemonte
3	Ligurien	Liguria
4	Emilia Romagna	Emilia-Romagna
5	Toskana	Toscana
6	Latium	Lazio
7	Kampanien	Campagna
8	Kalabrien	Calabria
9	Basilicata	Basilicata
10	Apulien	Puglia
11	Molise	Molise
12	Abruzzen	Abruzze
13	Marken	Marche
14	Venetien	Veneto
15	Friaul-Julisch-Venetien	Friuli
16	Trentino-Südtirol	Trentino
17	Lombardei	Lombardia
18	Umbrien	Umbria
19	Sardinien	Sardegna
20	Sizilien	Sicilia

Abb. 8: Die Regionen Italiens

Die Regionen in dieser Karte sind so nummeriert, dass sie einer vernünftigen Reihenfolge gehorchen. Wie Sie im Bedarfsfall eine solche Reihenfolge festlegen, ist Ihre Sache. Wichtig ist, dass eine nachvollziehbare Logik zugrunde liegt. Im Fall der Italienkarte bin ich wie folgt vorgegangen: Ich habe alle Länder, die am Meer liegen, der Reihe nach durchnummeriert, beginnend im Norden der Westküste über den Süden bis hoch zum Norden der Ostküste. Die Regionen im Landesinneren (z. B. Umbrien) habe ich mir zum Schluss vorbehalten.

Lassen Sie mich Ihnen für die ersten fünf Regionen zeigen, wie Sie beim Lernen vorgehen. Den Rest können Sie dann allein durchziehen. Wir nehmen als Referenz unsere altbewährte Baumliste. Sie reicht exakt für die 20 Regionen Italiens.

1	Baum	Aosta	am ↘ Baum hängt ein ↘ **A**pfel, und zwar im ↘ **Osten** ➩ 1 = Aosta
2	Lichtschalter	Piemont	auf dem ↘ Lichtschalter klebt ein ↘ englischer Kuchen = **Pie** ➩ 2 = Piemont (vorausgesetzt Sie wissen, dass „pie" das englische Wort für „Kuchen" ist) oder: ich sehe das ↘ Licht in ↘ Turin ausgehen ➩ 2 = Piemont (vorausgesetzt Sie wissen, dass Turin die Hauptstadt Piemonts ist)
3	Hocker	Ligurien	auf dem ↘ Hocker ↘ **li**egt eine ↘ **Gur**ke ➩ 3 = Ligurien
4	Auto	Emilia-Romagna	der Schweizer Komiker ↘ **Emil** sitzt am Steuer seines ↘ Autos und fährt nach ↘ **Rom** ➩ 4 = Emilia-Romagna

5 Hand	Toskana	ich schüttle einigen Menschen in ↘ Florenz die ↘ Hand ➾ 5 = Toskana (vorausgesetzt Sie wissen, dass Florenz die Hauptstadt der Toskana ist). Oder über ein Klangbild: ich halte einen ↘ **To**pf und eine ↘ **Kan**ne in der ↘ Hand ➾ 5 = Toskana

Fahren Sie nun selbstständig damit fort. Legen Sie sämtliche 20 Regionen Italiens auf Ihrer Baumliste ab. Lassen Sie sich Zeit. Nehmen Sie sich jeweils einen Block von fünf Regionen vor, die Sie nacheinander lernen. Wenn Sie fertig sind, sollten Sie noch versuchen, die Regionen auf der Karte wiederzufinden bzw. umgekehrt die Namen richtig in eine „leere“ Karte einzutragen. (Malen Sie einfach die oben abgebildete Landkarte ab.) Wiederholen Sie diese Übung mehrmals, bis Sie schließlich die Karte aus dem Kopf zeichnen können; beim zweiten Mal müssen Sie vielleicht noch ins Buch schauen, aber ab dem dritten Mal sollten Sie es ohne Vorlage schaffen. Sie werden anhand Ihrer Zeichnungen feststellen, wo es noch „hakt“, wo noch Ungenauigkeiten vorliegen. Aber spätestens beim fünften Mal werden Sie die Karte ziemlich exakt und flüssig zeichnen und die Regionen korrekt benennen können. Dann haben Sie ein Bild Italiens in Ihrem Kopf. Wenn Sie nun jemand fragt: „Wo liegt denn Merken?“, werden Sie sofort an die rechte Küste auf mittlerer Stiefelhöhe deuten; und auf die Frage nach Kalabrien weisen Sie ohne langes Überlegen auf die Stiefelspitze.

Ich wünsche Ihnen viel Spaß bei dieser Übung. Wenn es Ihnen so viel Freude macht, wie ich hoffe – warum lernen Sie nicht die ganze Weltkarte auf diese Weise? Ich habe das übrigens gemacht. Und habe dabei von unterschiedlichen Techniken Gebrauch gemacht. Das sollten Sie auch tun. Wechseln Sie ab. Hängen Sie das eine Land an der Baumliste auf, das nächste in Ihrem Schlafzimmer. Oder merken Sie sich das dritte mit Hilfe einer Geschichte (wie wir es unten mit den 50 Staaten der USA tun werden). Machen Sie Gebrauch von allem, was Sie bisher gelernt haben, denn das ist ein hervorragendes Training. Außerdem – es ist gar nicht so ohne, wenn man ein solides geographisches Grundwissen besitzt. Sie können politische oder historische Themen viel besser mitverfolgen, wenn Sie klar vor Augen haben, wo die jeweiligen Länder bzw. Regionen liegen. Tun Sie's! Und viel Vergnügen dabei!

Die 50 Staaten der USA

Sie sehen auf der nächsten Seite eine Karte mit den 50 Staaten der USA (Abb. 9). Diese Staaten habe ich mir mit Hilfe einer Geschichte gemerkt und das sollen Sie nun auch. Einige Bemerkungen vorweg:

- In der Karte sind nicht 50, sondern nur 48 Staaten eingezeichnet. Alaska und Hawaii fehlen; diese beiden Staaten habe ich mir nicht eigens gemerkt und in die Geschichte eingebaut, denn die weiß man ohnehin, würde ich sagen.
- Wie auch im Fall von Italien habe ich zunächst nach einer Reihenfolge gesucht, die eine gewisse Logik beinhaltet. Ich habe begonnen im Nordwesten, bin dann die Küste entlangmarschiert von Washington bis Maine (21 Staaten). Die Staaten, die nicht ans Meer angrenzen, habe ich in vier horizontalen Wegen jeweils von West nach Ost, beginnend im Norden, abgegrast (siehe Abb. 9): Montana bis New Hampshire (11 Staaten), Idaho bis Indiana (6 Staaten), Nevada bis West Virginia (7 Staaten) und Oklahoma bis Tennessee (3 Staaten).

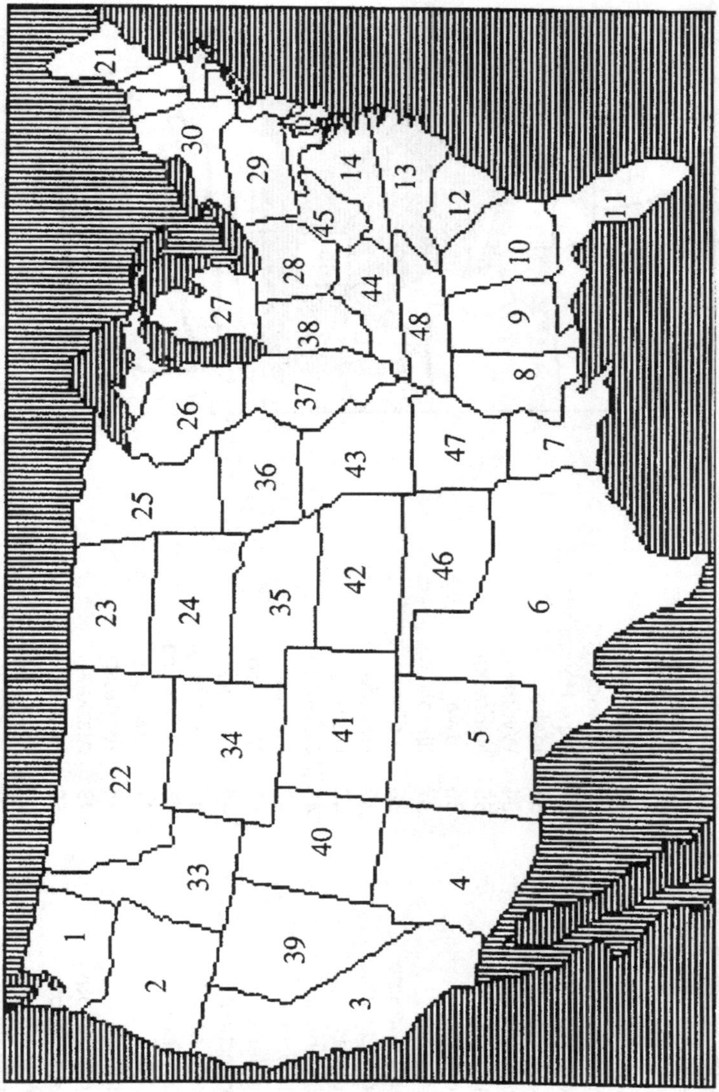
21
30
29
14
13
12
11
45
28
27
10
44
48
38
9
8
26
37
47
7
25
36
43
23
24
35
42
46
6
22
34
41
5
33
40
4
1
2
39
3

1	Washington	27	Michigan
2	Oregon	28	Ohio
3	California	29	Pennsylvania
4	Arizona	30	New York
5	New Mexico	31	Vermont
6	Texas	32	New Hampshire
7	Louisiana	33	Idaho
8	Mississippi	34	Wyoming
9	Alabama	35	Nebraska
10	Georgia	36	Iowa
11	Florida	37	Illinois
12	South Carolina	38	Indiana
13	North Carolina	39	Nevada
14	Virginia	40	Utah
15	Maryland	41	Colorado
16	Delaware	42	Kansas
17	New Jersey	43	Missouro
18	Connecticut	44	Kentucky
19	Rhode Island	45	West Virginia
20	Massachusetss	46	Oklahoma
21	Maine	47	Arkansas
22	Montana	48	Tennessee
23	North Dakota	49	Alaska
24	South Dakota	50	Hawaii
25	Minnesota		
26	Wisconsin		

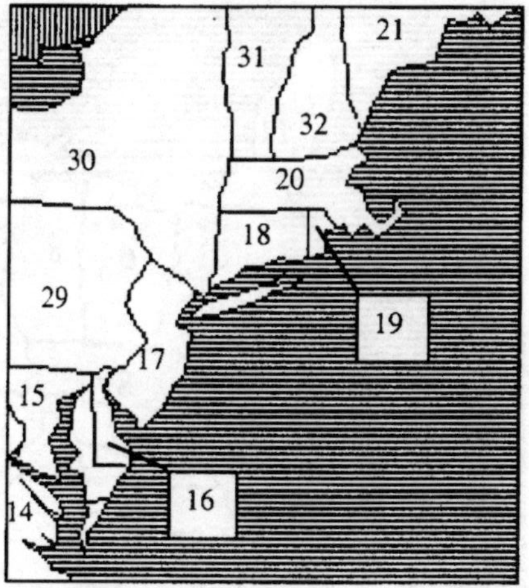

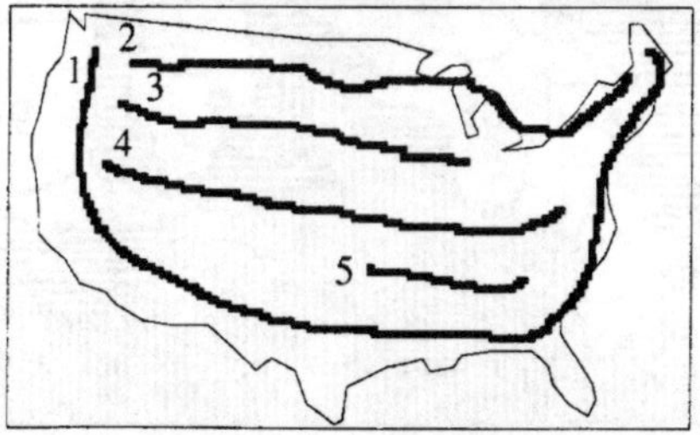

Abb. 9: Die 50 Staaten der USA

- Natürlich habe ich nicht alle 48 Staaten „am Stück“ gelernt. Vielmehr habe ich die Geschichte in mehrere kleine Geschichten unterteilt. Beispielsweise brauchte ich über 20 Minuten, bis die erste Geschichte fertig war. Und nach diesen 20 Minuten ist Wiederholung angesagt, sonst verliere ich alles wieder aus dem Kurzzeitgedächtnis. Die nächste Geschichte war etwas kürzer, die folgende noch kürzer – so wächst die Motivation, weil man immer schneller zum gewünschten Ergebnis kommt: Mann, jetzt habe ich schon diese ewig lange Geschichte gelernt, da schaffe ich die kurze hier auch noch!

Freilich erfordert es einiges an Disziplin, sämtliche 48 Staaten zu lernen. Aber ich denke, wir werden das zusammen schon hinkriegen.

Washington bis Maine

Lesen Sie bitte die folgende Geschichte:

George Washington isst einen Salat, der mit Oregano gewürzt wurde und in dem sich Zitronen- und Orangenschnitze aus Kalifornien befinden. Er singt dazu eine Arie über die Sonne. Jetzt kauft er sich einen neuen Wagen aus Mexiko und montiert vorne auf der Haube Kuhhörner, wie es in Texas üblich ist. Hinten auf der Rücksitzbank sitzen seine Kinder: Louis und Anna. Zusammen fahren sie zu einer Miss-Wahl, was sehr albern ist. Der Fahrer des Wagens ist George Bush, der Flöhe hat. Bei der Miss-Wahl treffen sie die Zwillingsschwestern Carolina, die noch immer Jungfrauen sind. Und zwar jungfräulich wie Maria. Gemeinsam suchen sie nach gedealter Ware. Sie suchen nach neuen Jeans. Ferner suchen sie nach einer Verbindung, beritten zu Pferde, zu einem Massagesalon, weil sie eine Massage von Hand benötigen.

Welch eine Geschichte! Lesen Sie die gleiche Geschichte noch einmal, diesmal mit Hinweisen auf die zugehörigen Staaten:

George ↘ **Washington** (*Washington*) isst einen Salat, der mit ↘ **Oregan**o (*Oregon*) gewürzt wurde und in dem sich Zitronen- und Orangenschnitze aus ↘ **Kalifornien** (*California*) befinden. Er singt dazu eine ↘ **Ari**e über die ↘ **Son**ne (*Arizona*). Jetzt kauft er sich einen ↘ **neu**en Wagen aus ↘ **Mexiko** (*New Mexico*) und montiert vorne auf der Haube Kuhhörner, wie es in ↘ **Texas** (*Texas*) üblich ist. Hinten auf der Rücksitzbank sitzen seine Kinder: ↘ **Louis** und ↘ **Anna** (*Louisianna*). Zusammen fahren sie zu einer ↘ **Miss**-Wahl (*Mississippi*), was sehr ↘ **alb**ern (*Alabama*) ist. Der Fahrer des Wagens ist ↘ **George** Bush (*Georgia*), der ↘ **Flö**he (*Florida*) hat. Bei der Miss-Wahl treffen sie die ↘ Zwillingsschwestern ↘ **Carolina** (*South Carolina* und *North Carolina*), die noch immer ↘ Jungfrauen (*Virginia*) sind. Und zwar jungfräulich wie ↘ **Maria** (*Maryland*). Gemeinsam suchen sie nach ↘ ge**deal**ter ↘ **Ware** (*Delaware*). Sie suchen nach ↘ **neu**en ↘ **Je**ans (*New Jersey*). Ferner suchen sie nach einer ↘ Verbindung (*Connecticut*) ↘ be**ritten** zu Pferde (*Rhode Island*) zu einem ↘ **Massa**gesalon (*Massachusetts*), weil sie eine Massage von ↘ Hand (*Maine*; von frz. main = Hand) benötigen.

Versuchen Sie nun, die Geschichte zu wiederholen, indem Sie sich Stichwörter auf ein Blatt Papier notieren. Sollte es nicht klappen, versuchen Sie es noch einmal. Und dann fahren Sie fort mit dem zweiten Teil.

Montana bis New Hampshire

In den Bergen von Nord- und Süd-Dakota lebt Minnie Mouse, die ein Kleid aus Viskose anhat. Sie glaubt, sie sei Robert Mitchum und singt ein Lied der Gruppe Ohio Express mit dem Titel „Pennsylvania goes to New York". Sie trinkt einen Wermut und isst neuen Schinken.

Und nun dieselbe Geschichte noch einmal mit Hinweisen auf die zugehörigen Staaten:

In den ↘ Bergen (*Montana*) von ↘ **Nord**- und **Süd-Dakota** (*North Dakota* und *South Dakota*) lebt ↘ **Min**nie Mouse (*Minnesota*), die ein Kleid aus ↘ **Viskos**e (*Wisconsin*) anhat. Sie glaubt, sie sei Robert ↘ **Mitch**um (*Michigan*) und singt ein Lied der Gruppe ↘ **Ohio** Express (*Ohio*) mit dem Titel ↘ „**Pennsylvania** goes to ↘ **New York**„ (*Pennsylvania, New York*). Sie trinkt einen ↘ **Wermut** (*Vermont*) und isst ↘ **neu**en ↘ Schinken (*New Hampshire*; engl. ham = Schinken).

Nun wiederholen Sie bitte auch diese zweite Geschichte. Sollten Sie mit irgendwelchen Bildern nichts anfangen können (etwa der Pop-Gruppe „Ohio Express" aus den 60er Jahren), ersetzen Sie sie durch eigene Bilder. Gehen Sie beim Wiederholen vor wie oben beschrieben und verfahren Sie analog auch mit dem folgenden dritten, vierten und fünften Teil der Geschichte.

Idaho bis Indiana

Ida Wyoming lebt in Nebraska und isst einen Joghurt mit Wasser. Der ist mit einer Droge durchtränkt, sodass sie Illusionen hat und Indianer sieht.

sprich:

↘ **Ida** (*Idaho*) lebt in ↘ **Nebraska** (*Nebraska*) und isst einen ↘ **Jo**ghurt mit ↘ **Wa**sser (*Iowa*). Der ist mit einer Droge durchtränkt, sodass sie ↘ **Ill**usionen (*Illinois*) hat und ↘ **Indian**er (*Indiana*) sieht.

Nevada bis West Virginia

In Nevada lebt ein Orang Utan, der farbenfrohe Lieder pfeifen kann. Sein Lieblingslied ist Kansas City. Neben ihm sitzt zur Zeit die ehemalige Schönheitskönigin des Kantons Uri und sie essen gemeinsam ein Hühnchen von Kentucky Fried Chicken. Sie glaubt, dass sie die beste Jungfrau der westlichen Welt sei.

sprich:

In ↘ **Nevada** (*Nevada*) lebt ein Orang ↘ **Uta**n (*Utah*), der ↘ farbenfrohe (*Colorado*) Lieder pfeifen kann. Sein Lieblingslied ist ↘ **Kansas** City (*Kansas*). Neben ihm sitzt zur Zeit die ehemalige ↘ Schönheitskönigin des Kantons ↘ **Uri** (*Missouri* [die Miss aus Uri]) und sie essen gemeinsam ein Hühnchen von ↘ **Kentucky** Fried Chicken (*Kentucky*). Sie glaubt, dass sie die beste ↘ Jungfrau der ↘ **west**lichen Welt (*West Virginia*) sei.

Oklahoma bis Tennessee

Der Opa und die Oma sitzen unter Arkaden und spielen Tennis.

sprich:

Der ↘ **Opa** und die ↘ **Oma** (*Oklahoma*) sitzen unter ↘ **Arka**den (*Arkansas*) und spielen ↘ **Tennis** (*Tennessee*).

Damit haben Sie sämtliche 48 Staaten untergebracht. Wiederholen Sie die gesamte Geschichte (Teil 1 bis 5) drei bis fünf Mal, so lange eben, bis sich das Gefühl einstellt, nun sitzt sie eigentlich recht gut.

50 amerikanische Hauptstädte

Der nächste Schritt wäre nun, zu den Staaten die zugehörigen Hauptstädte auswendig zu lernen. Sie gehen dabei vor wie bei den Vornamen zu den jeweiligen Familiennamen, d. h., Sie erweitern die Geschichte um ein Detail. Lassen Sie mich Ihnen einige Beispiele geben:

- George Washington hat am Abfahrtslauf der ↘ **Olympi**schen Spielen teilgenommen.
  ➩ *Olympia* ist die Hauptstadt von Washington.
- Die Zitronen- und Orangenschnitze sind für ihn fast so etwas wie ↘ **Sakrament**e.
  ➩ *Sacramento* ist die Hauptstadt von California.
- Er isst seinen mit Oregano gewürzten Salat in orientalischen Gewändern und sagt dazu ↘ „**Salem** Aleikum".
  ➩ *Salem* ist die Hauptstadt von Oregon.
- Während er seine Arie an die Sonne singt, bläst der ↘ **Föhn**.
  ➩ *Phoenix* ist die Hauptstadt von Arizona.

Diese Verknüpfungen sind außerordentlich hilfreich, damit Sie nicht verwechseln, welche Hauptstadt in welchen Bundesstaat gehört. Unterteilen Sie das Gesamtpaket für diesen Zweck in kleinere Portionen zu je zehn Namen.

Unten finden Sie die Tabelle (Tab. 11), sodass Sie augenblicklich loslegen können. Ich wünsche Ihnen viel Vergnügen und viel Erfolg! – PS: Wie Sie die gelernten Informationen ins Langzeitgedächtnis transferieren, das wissen Sie ja inzwischen, nicht wahr?

Tabelle 11: Die US-Bundesstaaten und ihre Hauptstädte

Bundesstaat	***Hauptstadt***	**Bundesstaat**	***Hauptstadt***
Washington	*Olympia*	Wisconsin	*Madison*
Oregon	*Salem*	Michigan	*Lansing*
California	*Sacramento*	Ohio	*Columbus*
Arizona	*Phoenix*	Pennsylvania	*Harrisburg*
New Mexico	*Santa Fe*	New York	*Albany*
Texas	*Austin*	Vermont	*Montpelier*
Louisiana	*Baton Rouge*	New Hampshire	*Concord*
Mississippi	*Jackson*	Idaho	*Boise*
Alabama	*Montgomery*	Wyoming	*Cheyenne*
Georgia	*Atlanta*	Nebraska	*Lincoln*
Florida	*Tallahassee*	Iowa	*Des Moines*
South Carolina	*Columbia*	Illinois	*Springfield*
North Carolina	*Raleigh*	Indiana	*Indianapolis*
Virginia	*Richmond*	Nevada	*Carson City*
Maryland	*Annapolis*	Utah	*Salt Lake City*
Delaware	*Dover*	Colorado	*Denver*
New Jersey	*Trenton*	Kansas	*Topeka*
Connecticut	*Hartford*	Missouri	*Jefferson City*
Rhode Island	*Providence*	Kentucky	*Frankfort*
Massachusetts	*Boston*	West Virginia	*Charleston*
Maine	*Angusta*	Oklahoma	*Oklahoma City*
Montana	*Helena*	Arkansas	*Little Rock*
North Dakota	*Bismarck*	Tennessee	*Nashville*
South Dakota	*Pierre*	Alaska	*Juneau*
Minnesota	*St. Paul*	Hawaii	*Honolulu*

Die Trabanten von Saturn und Jupiter

Das zunächst Schwierige bei dieser Übung ist, dass es sich um unbekannte Namen handelt wie Lysithea oder Japetrus. Wir müssen also im Prinzip abstrakte Begriffe auswendig lernen. Sie finden unten die neun Planeten unseres Sonnensystems samt den jeweils zugehörigen Trabanten (Monden) aufgelistet (Tab. 12).

Tabelle 12: Die Planeten unseres Sonnensystems und ihre Trabanten

Merkur	–
Venus	–
Erde	• Mond
Mars	• Phobos • Deimos
Jupiter	• Amalthea • Io • Europa • Ganymed • Callisto • Leda • Himalia • Lysithea • Elara • Ananke • Carme • Pasiphae • Sinope
Saturn	• Mimas • Entseladus • Tetis • Dione • Rhea • Titan

Fortsetzung Tab. 12

	• Hyperion • Japetrus • Phoebe
Uranus	• Miranda • Ariel • Umbriel • Titania • Oberon
Neptun	• Nereid • Triton
Pluto	–

Die neun Monde des Saturn

Ich werde Ihnen nun demonstrieren, wie Sie mittels einer Geschichte (die übrigens nicht von mir, sondern von einer Seminarteilnehmerin stammt) die neun Monde des Saturn lernen können.

Sie erinnern sich, dass wir den Saturn auf der Körperliste abgelegt haben. Merkur mit Flügeln an den Füßen ... die Venus auf dem Knie ... der Globus (Erde) in der Hosentasche ... der Schokoriegel (Mars) in der Gesäßtasche ... der jubelnde Peter (Jupiter) am Gürtel ... der Ring (Saturn) um die Brust etc. Bei diesem Ring geht es los:

Auf dem Ring um unsere Brust steht eine bayerische ↘ **Mas**s, allerdings nicht mit Bier, sondern mit ↘ **Mi**lch. Eine **Mi**lch-**Mas**s also (*Mimas*). In dieser Milch-Mass schnattert eine ↘ **Ent**e, die ↘ **la**chen muss, weil sie so ↘ **dus**lig ist (*Entseladus*). Dann beginnt die Ente, ↘ **Tetris** (*Tetis*) zu spielen gegen Lady ↘ **Di**, die ↘ **ohne** Mann kommt (*Dione*). Lady Di muss in die ↘ **Reha**klinik (*Reha*). Da liegt sie in einem Bett aus ↘ **Titan** (*Titan*). Von dort entlassen, reist sie nach ↘ **Ja**pan zu ↘ **Petrus** (*Japetrus*), beginnt zu ↘ **hyper**ventilieren (*Hyperion*) und bekommt eine ↘ **Phob**ie (*Phoebe*).

Mit Hilfe so einer unsinnigen Geschichte werden Sie sich die Monde der Planeten relativ rasch und schmerzlos merken können. Was beim ersten Mal vielleicht noch etwas anstrengend ist, gelingt bei der Wiederholung – wir kennen das ja mittlerweile – bereits recht mühelos. Spulen Sie die Geschichte ruhig an die zehn Mal in ihrem Kopf ab, bis Sie das Gefühl haben: Mensch, ist ja ganz simpel! Dann bereitet auch der Transfer ins Langzeitgedächtnis keine sonderliche Mühe mehr.

Jupiter gehört Ihnen

Wenn Sie wollen, können Sie nun Ihre ganz persönliche Geschichte zu den neun Monden des Saturn erfinden. Oder Sie machen sich gleich an die 13 Monde des Jupiter. Nehmen Sie Symbole und Klangbilder aus Silben zu Hilfe, um sich eine Geschichte zu basteln. Grundsätzlich halte ich die Geschichte für das geeignetste Mittel, um sich die Trabanten unserer Planeten zu merken. Sollten Sie jedoch zu den Menschen gehören, die eine ausgesprochene Abneigung gegen Geschichten besitzen, wählen Sie vielleicht besser den Weg über die Baumliste. Das bedeutet, Sie legen Amalthea auf den Baum, Io auf den Lichtschalter, Europa auf den Hocker, Ganymed ins Auto und so weiter. Natürlich kann auch Ihr Badezimmer herhalten oder ein beliebiger anderer Raum aus Ihrer Wohnungsliste. Unabhängig davon, welche Technik Sie wählen: Auch bei dieser Aufgabe gilt, dass Sie in Etappen vorgehen sollten. Drei Monde jeweils genügen. Daran arbeiten Sie so lange, bis Sie sie beherrschen, und gehen erst dann weiter zu den nächsten drei Monden. Tun Sie dies bitte jetzt. Wenn Sie damit fertig sind, dürfen Sie weiterlesen.

Herzlichen Glückwunsch!

An dieser Stelle möchte ich Ihnen ganz herzlich gratulieren, dass Sie bis hierher durchgehalten haben. Zusammen haben wir eine ganze Menge geschafft. Lassen Sie mich die anfänglich vorgestellten möglichen Lernziele in einer Tabelle zusammenfassen, um dann

a) zu überprüfen, welche Ziele wir inzwischen erreicht haben, und Ihnen
b) kurz zu erläutern, mit welchen Techniken Sie an den Zielen arbeiten können, die noch ausstehen.

Die anfänglich vorgestellten möglichen Lernziele

1. sich Namen einprägen können	➪ *Fall erledigt, würde ich sagen.*	
2. sich Zahlen merken können	➪ *Auch hier würde ich sagen: Fall erledigt dank der 100er-Liste.*	
3. einen Spickzettel für Reden, Diskussionen und Prüfungen im Kopf behalten	➪ *Sie haben gesehen, wie das funktioniert.*	
4. die Einkaufsliste auswendig wissen	➪ *Sie haben es geübt, nehme ich an.*	
5. sich Witze merken können	➪ *Fall erledigt, würde ich sagen.*	
6. Lernstoff behalten	Geographie:	➪ *Haben wir geübt.*
	Geschichte:	➪ *Das haben wir zwar noch nicht geübt, aber es geht im Prinzip wie bei Geburtstagen.* *(Beispiel: Mozart lebte von 1756 bis 1791. Allein mit der Baum- und Körperliste könnte man wie folgt vorgehen: Mozart hat gerne Karten gespielt (17) und dabei mit den Händen (5) gewürfelt (6). Er starb, weil ihm jemand beim Kartenspielen (17) auf die Zehen (91) getreten ist.)*
	Formeln:	➪ *Haben wir geübt.*
	Vokabeln:	➪ *Haben wir geübt.*

	irgendwelche Fakten:	➾ *Werden gelernt wie abstrakte Begriffe (d. h. über ein Symbol oder ein Klangbild); mit den Planetennamen z. B. haben wir es geübt.*
7. sich Abläufe aus der Betriebswirtschaftslehre einprägen	➾ *Sie nummerieren den Ablauf und legen die Begriffe entsprechend den Nummern auf einer Liste ab.*	
8. Begriffe aus der Anatomie beherrschen	➾ *Sie nummerieren etwa die Knochen des Skeletts oder die Organe im Körper, damit Sie eine nachvollziehbare Logik schaffen. Dann wandeln Sie die Begriffe um in Bilder und legen diese auf einer Liste ab. – Ich weiß von einem Medizinstudenten, der sich innerhalb von einer Woche 500 Begriffe aus der Anatomie eingeprägt hat; vermutlich ging er dabei ähnlich vor.*	
9. Gesetzestexte mit zugehöriger Nummer (Paragraph, Absatz) auswendig können	➾ *Lassen Sie mich anhand eines Beispiels zeigen, wie so etwas möglich wäre. Nehmen wir das Zivilgesetzbuch, § 318. Sie fahren mit einem Hocker durch den Feierabendverkehr, das Zivilgesetzbuch auf dem Schoß. Auf dem Hocker liegen 5 Stichworte, die Sie brauchen, damit Ihnen der Gesetzestext wieder einfällt (vgl. „Dreimal kurz gelacht").*	

Einige weitere mögliche Lernziele

1. Fremde Schriftzeichen

Ein Thema, das wir hier im Buch nicht bearbeitet haben, sind fremde Schriftzeichen. Japanische oder chinesische, hebräische, arabische, kyrillische … Sollten Sie mit so etwas zu tun haben, schlage ich Ihnen vor: Rufen Sie mich an! Nennen Sie mir konkrete Beispiele und ich werde Ihnen sagen, wie Sie vorgehen können (Sie suchen nämlich in dem Schriftzeichen ein Bild). Trauen Sie sich, ich helfe Ihnen wirklich gerne. Es ist auch nicht weiter schwierig, hätte jedoch den Rahmen dieses Werks gesprengt.

2. Der Inhalt eines Buches

Manchmal denken Sie vielleicht bei der Lektüre eines Buches: Das möchte ich mir merken, was da drin steht. In diesem Fall möchte ich Ihnen empfehlen, sich zu jeder Seite, die Sie lesen, das wichtigste Stichwort zu notieren. Sie haben dann am Ende etwa 200 bis 300 Stichwörter (vielleicht auch nur 20) und die lernen Sie mit irgendeiner der vorgestellten Techniken. Sie werden feststellen, dass Sie sich dann viel besser an den Buchinhalt erinnern können. In diesem Zusammenhang möchte ich ganz kurz auf *Mindmapping* zu sprechen kommen. Gerade bei den 200 Stichwörtern zu einem Buchinhalt wäre *Mindmapping* ideal. Ich weiß nicht, ob Sie damit schon zu tun hatten. Falls nicht: Es gibt zu diesem Thema sehr viele gute Bücher auf dem Markt. Beschäftigen Sie sich mal damit! Ganz grob gesagt handelt es sich dabei um gezeichnete Sprache, die hirngerechter ist als der Fließtext.

3. Gedichte

Sie sollten davon Abstand nehmen, sich ein Gedicht Wort für Wort einpauken zu wollen. Stattdessen schauen Sie sich das Gedicht an. Es besteht vermutlich aus mehreren Strophen. Nun suchen Sie in jeder Strophe nach einem Stichwort und lernen diese Stichwörter auswendig. Auf diesen Stichwörtern aufbauend versuchen Sie, das Gedicht aufzusagen. Klappt es so nicht, wählen Sie ein Wort pro Zeile und lernen diese Worte auswendig. Das dürfte im Allgemeinen genügen, um das Gedicht abrufen zu können. Mag sein, es sind einzelne Zeilen dabei, die noch Probleme machen; dann müssen Sie eben zwei oder drei Wörter pro Zeile auswählen – aber wirklich nur bei den Zeilen, die sich nicht durch ein einziges Wort abrufen lassen. Erfahrungsgemäß benötigt man nämlich viel weniger Stichwörter, als man meint, denn gerade beim Gedicht tragen ja außer dem Inhalt auch der Reim, der Sprachrhythmus und das Schriftbild eine ganze Menge bei.

Ich darf daran erinnern, dass wir beim Terminkalender ganz ähnlich vorgegangen sind. Sie sind auch inzwischen ein geübter „Hirnjogger“. Gedächtnistraining macht sich bezahlt, das haben Sie vermutlich längst bemerkt. Je länger Sie üben, desto konzentrierter verhalten Sie sich. In meinen Kursen stelle ich häufig fest, dass die Teilnehmer in ihrem Selbstvertrauen gestärkt werden. Da drückt dann bereits die Körpersprache aus, dass man sich etwas zutraut. Ich wünsche Ihnen, dass auch Sie etwas Vergleichbares erleben.

Ja, somit haben wir unsere Liste mit den anfänglich gesteckten Zielen doch recht gut abgearbeitet. Wie Sie das erworbene Wissen ins Langzeitgedächtnis transferieren können, ist auch längst klar (erste Wiederholung nach 20 Minuten; zweite Wiederholung nach 24 Stunden; weitere fünf Wiederholungen verteilt über mehr als drei Tage). Sie haben eine ganze Menge erreicht und dafür möchte ich Ihnen ein Riesenkompliment aussprechen. Ich bin sehr skeptisch gewesen, ob überhaupt jemand in der Lage ist, nur mit einem Buch tatsächlich so weit zu üben. Nach wie vor glaube ich, dass es mit Hilfe einer CD bzw. Kassette oder – noch besser – durch die Teilnahme an einem Seminar leichter geht. Diese Varianten stehen Ihnen natürlich auch zu diesem Zeitpunkt noch offen. Die Kosten betragen rund DM 300,- für die CD- bzw. Kassettenreihe und DM 500,- bis 800,- für das Seminar.

Sie haben das Buch gelesen – und nun?

In der nächsten Zeit, so würde ich Ihnen raten, setzen Sie sich für jeden Tag ein konkretes Ziel, das Sie an diesem Tag mit Hilfe der *Mega-Memory*-Technik erreichen möchten. Haben Sie beispielsweise eine Sitzung, nehmen Sie sich vor, die Namen der Anwesenden zu lernen. Wenn Sie ins Kino gehen, merken Sie sich vielleicht 10 oder 20 Namen von Schauspielern. Am nächsten Tag könnten Sie 10 oder 20 abstrakte Begriffe aus einem Zeitungsartikel auswendig lernen usw.

Bemühen Sie sich, jeden Tag vier bis sechs Minuten damit zu verbringen, sich irgendwelche Dinge zu merken, die Freude machen und mit denen Sie im täglichen Leben etwas anfangen können. Ich habe mir einmal den Spaß gemacht, mir die Beteiligten am „Bündnis für Arbeit" in Deutschland einzuprägen. Mir war damals eine Zeitung in die Hände gefallen, in der sämtliche Porträts samt zugehörigen Namen und Funktionen abgebildet waren. Ich merkte mir Namen, Gesichter und Funktionen. Und wenn dann im Radio davon die Rede war, dass Herr Hundt mit Herrn Schmoll oder Herrn Schröder gesprochen hat, hatte ich eine klare Vorstellung davon, wer da mit wem über was diskutierte. Ob Sie's glauben oder nicht: Mein politisches Wissen hat sich dadurch innerhalb von kurzer Zeit wesentlich verbessert.

Mit ein wenig Phantasie kann man mit *Mega Memory* auch einen Heidenspaß erleben. Es ist schon vorgekommen, dass mich Kursteilnehmer anriefen, um mir zu erzählen, sie hätten in letzter Zeit gelegentlich kostenlos im Restaurant zu Mittag gegessen. „Wie das?", fragte ich und bekam die folgende Story zu hören: *Mega-Memory*-Schüler geht ins Restaurant. Um die Wartezeit, bis das Essen geliefert wird, sinnvoll zu überbrücken, überlegt er, ein wenig Gedächtnistraining zu betreiben. Gesagt, getan. „Würden Sie bitte 20 Punkte irgendwelcher Art auf ein Blatt Papier schreiben?", fragt er die nett aussehende Dame am Nebentisch. „Wissen Sie, ich möchte mein Gedächtnis ein wenig trainieren." Die nett aussehende Dame guckt fragend. „Ja, was soll ich dann mit den 20 Punkten machen?" – „Die möchten Sie mir bitte vorlesen, damit ich sie auswendig lernen kann." Die Dame lächelt ein wenig mitleidig: Das muss ja in die Hose gehen! Doch sie tut es, denn neugierig ist sie auch. Es kann nicht klappen ... oder etwa doch? Tja, und nachdem der *Mega-Memory*-Schüler sie eines Besseren belehrt hat, vergisst sie vor Staunen, an der Suppe weiterzulöffeln. „Wissen Sie was?", sagt der *Mega-Memory*-Schüler augenzwinkernd, halb im Spaß und halb im Ernst: „Ich zeige Ihnen, wie es funktioniert, und wenn Sie es hinkriegen, dann bezahlen Sie dafür mein Mittagessen!" Die nette Dame nickt. „Wenn Sie das wirklich schaffen, dann spendiere ich Ihnen Ihr Essen mit Vergnügen!" Eine prima Sache, denn jeder profitiert davon – und hat noch jede Menge Spaß dabei.

Wenn es Ihnen zu viel Mühe bereitet, sich immer neue Übungen auszudenken, können Sie natürlich gern auf das bereits erwähnte Übungsheft mit den vier Begleitkassetten zurückgreifen (nähere Angaben im Anhang unter A2).

Zwei Bitten habe ich noch an Sie, bevor ich Sie mit den neu erworbenen Lerntechniken „ins Leben entlasse“:

a) Kommen Sie auf mich zu, wenn Sie Fragen irgendwelcher Art haben. Ob sich das nun um Fragen zu meinen Seminaren handelt oder um firmeninterne Angelegenheiten (z. B. Sie müssen bei einer größeren Veranstaltung eine Rede halten). Oder ob es darum geht, dass Ihre Kinder Hilfe beim Lernen benötigen. Schicken Sie mir einfach ein Fax oder eine Mail mit der konkreten Lernsituation und Ihrer Frage. Es kann zwei, drei Tage dauern, bis Sie Antwort erhalten, da ich alle eingehenden Anfragen selbst beantworte. Sie stören mich nicht, im Gegenteil. Wenn Fragen auftauchen, dann deshalb, weil ich sie in meinen Kassetten oder diesem Buch nicht ausreichend abgehandelt habe. Ihre Rückmeldung hilft mir, mich zu verbessern. Wie Sie bin auch ich ständig am Lernen. Wie Sie mich erreichen können – Telefon, Fax, Homepage –, ist im Anhang nachzulesen (unter A1).

b) Eine besondere Freude können Sie mir machen, indem Sie mir von Ihren Erfahrungen mit *Mega Memory* erzählen. Schreiben Sie, was Sie mit dieser Technik erleben, etwa wenn Sie damit an der Schule arbeiten, sei es als Lehrer oder Lernender, sei es mit Erfolg oder Misserfolg ... na ja, lieber natürlich höre ich von Erfolgen! Geben Sie mir Feedback, wenn Sie nette Geschichten oder Anekdoten erleben oder was auch immer. Vielleicht erscheint Ihr Erlebnis dann in der nächsten Auflage dieses Buches, wer weiß! Das wäre doch wirklich toll, denn dann sehen andere Leser, wie (gut) es Ihnen mit *Mega Memory* ergangen ist, und lassen sich umso leichter auf einen Versuch damit ein.

Meinen ganz herzlichen Dank für Ihre Aufmerksamkeit.
Bis zum nächsten Mal.

Ihr
Gregor Staub

Anhang

A1. Nummern und Adressen

Gregor Staub ist für Sie zu erreichen unter folgenden Nummern bzw. Adressen:

Staub Mega Memory Gedächtnistraining
Vrenikerstraße 29 d
8152 Optikan
Schweiz

Tel. 0041–1/8109110
Fax 0041–1/8109114

E-Mail: smm@active.ch
Homepage: www.gregorstaub.com

A2. Literatur

- Birkenbihl, Vera F.: *Das „neue“ Stroh im Kopf? Vom Gehirn-Besitzer zum Gehirn-Benutzer*, 37. Auflage, Landsberg 2000.
- Birkenbihl, Vera F.: *Sprachenlernen leichtgemacht. Die Birkenbihl-Methode zum Fremdsprachen lernen.* 24. Auflage, Landsberg 2001
- Birkenbihl, Vera F.: *Stichwort Schule: Trotz Schule lernen*, 14. Auflage, Landsberg 1999.
- Buzan, Tony: *Das Mind-Map-Buch*. 4. Auflage, Landsberg 1999.
- Buzan, Tony: *Power Brain – Das Tony Buzan Training. Besser denken, mehr behalten, Neues leichter aufnehmen.* 2. Auflage, Landsberg 1999.
- Rose, Colin/Nicholl, Malcolm J.: M.*A.S.T.E.R.-Learning. Die optimale Methode für leichtes und effektives Lernen.* Landsberg 2000.
- Steiner, Verena: *Exploratives Lernen. Der persönliche Weg zum Erfolg*. Zürich 2000.
- Vester, Frederik: *Die Kunst, vernetzt zu denken. Ideen und Werkzeuge für einen neuen Umgang mit Komplexität.* Stuttgart 1999.
- Vester, Frederik: *Denken, lernen, Vergessen. Was geht in unserem Kopf vor, wie lernt das Gehirn, und wann läßt es uns im Stich?* Aktualisierte Neuausgabe, München 1998.

A3. Liste mit möglichen Silbenbildern (Vorschlag)

mi	Milch	sim	Simmel (der Autor ist gemeint)
mo	Mond	som	Sommer
mu	Mutter	sum	summen
me	Mehl	san	Santana Carlos
ma	Mars	sin	singen
ni	Nil	son	Sony
no	Nonne	sun	Schlange, die unten liegt
ne	Nebel	sam	Samen (von Blumen)
nu	Nummer	kan	Kanne
si	Sieb	kin	Kind
so	Sonne	kon	Konto
se	See	kun	Kunde
su	Suppe	tin	Tinte
ti	Tee (englisch)	ton	Tonne
to	Tomate	tun	Thunfisch
tu	Tuch	tan	Tanne
te	Teer	bin	Biene
cin	Zinn	ban	Banner
con	Konfitüre	bun	bunt
cun	Cäsar in der UNO	bon	Bonn
can	Can-Can		

Sie sehen: Mit solchen Bildern können Sie völlig eindeutig die jeweiligen Silben definieren. Es ist allerdings einfacher, sich eigene Bilder zu schaffen. Obige Vorschläge sollen Ihnen nur die Möglichkeiten demonstrieren. Im Bedarfsfall hilft der Duden.

A4. Bilder für Namen

Vornamen	
Annemarie	**An**anas mit **Mari**a drauf
Barbara	Rhabarber
Beat	glücklich (von lateinisch **beat**us)
Beatrix	Königin, Federboa
Christian	Kreuz
Christoph	Kreuz aus St**off**
Georg	Drache (Georg, der Drachentöter)
Georges	**Schor**nstein [gesprochen „Schorsch“]
Gregor	Uhr (gregorianische Zeit)
Hans	Gold (Hans im Glück)
Hans-Peter	Öl („schwarzes Gold“; vgl. Hans und Peter)
Herbert	ein **Herr** mit **Bart**
Hermann	zwei Herren (**Her**r und **Mann**)
Jakob	Jakobsstab
Johannes	taufen
John	John Lennon (Beatles)
Josef	**Jo**ghurt mit **Senf**
Kurt	**Gurt**
Margit	das Meer (**mar**e) mit einem **Git**ter
Marianne	das Meer (**mar**e) mit **An**anas
Paul	Papst Paul
Peter	schwarz (Schwarzer Peter)
René	Fuchs (Le **Ren**ard)
Rita	ein **Ri**ese in einer **Ta**sse
Susanne	**Su**ppe mit **Sahne**
Veronika	Amphitheater von **Veron**a
Wolfgang	ein **Wolf**, der in einen **Gang** hineinschleicht

Nachnamen

Baumgartner	ein Garten mit Baum
Grollimund	ein grollender Mund
Koch	Kochtopf
Krähenbühl	eine **Krähe** mit **Beul**e
Krotoschin	eine **Kröt**e mit Lotto**schein**
Meier	Eier
Müller	Mühlstein
Petracheck	schwarzer (Spiel-)Scheck
Rotenschild	Schild in Rot
Schily	Chili
Schmid	Hammer (von „Schmied") mit weichem Griff; vgl. „Schmidt"
Schmidt	Hammer (von „Schmied")
Schmitt	Hammer (von „Schmied") mit zwei Tassen **Te**e
Schmitz	Hammer (von „Schmied") mit **TZ**-Zeichnung
Schneider	Schere
Schuler	**Schul**zimmer
Schulte	**Schul**zimmer, in dem **Te**e getrunken wird
Sennhauser	ein Senn zu Hause
Steiner	Stein

Das Prinzip: Man sucht zunächst ein Bild, das der Name selbst enthält, wie etwa Krähenbühl: „Krähe mit Beule"; wo das nicht möglich ist, definiert man ein Ton-Bild wie etwa „Kröte mit Lottoschein" für Krotoschin.

A5. Quintessenz der Lektion 3 der Kassettenreihe *Mega Memory*

Baumliste:

1 Baum	➾	der Stamm gleicht einer Eins
2 Lichtschalter	➾	zwei Wörter, ein/aus, hell/dunkel, zwei Schrauben
3 Hocker	➾	drei Beine
4 Auto	➾	vier Räder, vier Türen, Vierradantrieb
5 Hand	➾	fünf Finger
6 Würfel	➾	sechs Seiten, eine Sechs würfeln
7 Zwerg	➾	sieben Zwerge hinter den sieben Bergen
8 Achterbahn	➾	geformt wie eine Acht
9 Katze	➾	neun Leben hat die Katze
10 Bibel	➾	die Zehn Gebote
11 Fußball	➾	elf Spieler, Elfmeter
12 Geist	➾	Mitternacht = Geisterstunde
13 Lift	➾	ohne dreizehntes Stockwerk
14 Herz	➾	14. Februar = Valentinstag, Tag der Liebe
15 Ritter	➾	15. Jahrhundert: Ende des Mittelalters
16 Teenager	➾	Jugend, Romantik
17 Kartenspiel	➾	„Siebzehn und vier“
18 Feierabendverkehr	➾	findet etwa um 18 Uhr statt
19 Abendessen	➾	findet oft um 19 Uhr statt
20 Tagesschau	➾	Hauptausgabe um 20 Uhr

Stichwortverzeichnis

R

S

T

U

V

W

Z

Kassetten und CDs zu *Mega Memory*

Für alle, die mit *Mega Memory* weiterüben möchten, hier die Möglichkeit, dies zu tun:

Sie können die nebenstehenden Sets zu folgenden Konditionen per Brief, E-Mail oder Fax bestellen:

	Deutschland	Schweiz
Grundset	DM 330,–	sFr. 295,–
Minus Buchpreis	DM 39,–	sFr. 37,–
Total	DM 291,–	sFr. 258,–
Übungsset	DM 190,–	sFr. 160,–
Beide Sets zusammen	DM 430,–	sFr. 380,–

Bestellungen aus anderen Ländern werden zum Tageskurs abgerechnet.

Sie erhalten die Lieferung per Post und mit Rechnung.

Bestelladresse:

Staub *Mega Memory* Gedächtnistraining
Vrenikerstraße 29 d
8152 Opfikon
Schweiz

Fax: 0041/1 810 91 14
E-Mail: smm@active.ch
Internet: www.gregorstaub.com

Auch sind Sie herzlich eingeladen, bei Fragen, die sich während des Übens ergeben, Herrn Staub persönlich zu kontaktieren. Und falls Sie Herrn Staub einmal live erleben möchten, erhalten Sie diese Möglichkeit zu Sonderkonditionen (690,– DM pro Person). Nähere Informationen zu diesen Seminaren erhalten Sie ebenfalls unter der oben genannten Adresse.

Sollte die CD in Ihrem Exemplar fehlen,
wenden Sie sich bitte an:

mvg-verlag
Lektorat
Justus-von-Liebig-Str. 1
86899 Landsberg/Lech

Tel. 08191/125-206
Fax 08191/125-320